U0013500

Dedicated to those golden days

謹將本書獻給旅行

Nature's first green is gold,

Her hardest hue to hold.

Her early leaf's a flower;

But only so an hour.

Then leaf subsides to leaf.

So Eden sank to grief,

So dawn goes down to day.

Nothing gold can stay.

–Robert Frost

CONTENTS

Prologue 序幕 _____ 006－009

CHAPTER 1
Metropolis 城市 _____ 010－065

CHAPTER 2
Mountain 山林 _____ 066－129

CHAPTER 3
Desert 荒漠 _____ 130－175

CHAPTER 4
Coastline 海岸線 _____ 176－269

Epilogue 後記 _____ 270－276

Prologue
序　幕

　　飛抵 12,000 公尺的天空，起程時伴隨的顛簸復歸平息。我側身朝一旁的窗戶望出，視線裡的世界無邊無際，那是久未企及的高度。飄浮的雲朵千姿百態，模樣虛幻，遠處地平線正為薄霧所籠罩，那是晨曦未能觸抵之處。眼裡的畫面與內心的忐忑形成對比，天上始終沒有過多情緒，悄無聲息，彷彿什麼事情都未曾發生那般，飛得再高再遠，也只有平靜。

定睛一瞧，窄小的舷窗上反射著一個久未遠行的身影，堆疊雲間，不見面容，徒見輪廓。

那是我，亦飄浮著，儘管不是一朵雲，此刻身心思緒也宛如浮雲般虛無縹緲。但回過神來，脹痛的耳朵，與包裹層層防護衣下為汗水浸透的悶熱，也都提醒著自己，確實正站回旅程的起點。心中武裝的情緒稍微鬆懈，忍不住暗自竊喜。對於幾年前的我來說，這並不算什麼；對於頻繁橫越海洋的飛機來說，這也不是多偉大的航程，更非難以攀越的蒼穹，只是疫情肆虐期間，我們都停頓太久，幾乎要忘卻旅行的感覺。

說來奇怪，我從來不是個喜歡搭飛機的人，甚至還有些恐懼。

但看著窗外的雲，卻有股闊別多時的熟悉。好像那些幾近淡忘的回憶、曾經填滿生活的色彩，全都回來了。它們沒有遠走，是我離開了太久。

目的地是太平洋的另一端——美國。萬餘公里的距離，說這不遠，在疫情前的環球旅遊黃金時代，旅人早已視距離為無物。說走就走的果決、網際網路的便捷，替旅行發明各種字彙，如今卻都隨著大浪襲來徹底粉碎。各種被想像出來的名詞，又再度回到想像，誰能想到在追求全球化的今天，我們會再次見證一個壁壘分明的世界。

疫情的影響是急遽且全面的，經濟損失、人命消逝，報章雜誌慣以數字來總結，但隱藏在檯面下不為人知的，則是那些無從量化、難以估量的失去。也許有人因此放棄追逐多年的夢想，也有關係在長期分隔兩地下告吹，還有更多的更多，已無法堅持等待隧道盡頭那束能衝破黑暗的亮光。

對旅行作家來說，又該如何面對一個窒礙難行的年代呢？

沒有出發，就沒有書寫，無法依靠幻想創作，若要持續推出作品，似乎也僅剩下二途。要麼耽溺過去美好的旅行，將回憶反覆編寫；要麼將重心放回故鄉，發掘故土之美。前者不是作風，後者亦已嘗試，無奈出版時再遇疫

情反撲。當所有活動皆告取消，無法親自與讀者見面分享，便也抹去動力，讓一切又再歸零。這段時間以來，就像走進無數死胡同，只有入口，沒有出處，不斷地萌生新的想法，又只能眼見它們灰飛煙滅，惹得傷痕累累。

我亟需一趟遠行。

慶幸規範雖多，依然能啟航，只是在種種限制與新聞渲染下，面對目的地，似乎也參雜更多未知與恐懼。沒人能保證旅程前方無虞，儘管說不上訣別，但當飛機緩慢地提速，在跑道上準備躍起之際，仍有股強烈的告別意味。不論發生任何事，要再次自由地回返家鄉土地，少說都是 14+7 以後的事情。

惴惴不安的自己，很難安穩地在偶爾晃動的機艙裡入眠。茶不思飯不想，就連廁所都盡量不前往。但這一切都隨著外頭雲彩湧現，而發生改變。或許天空本來就有股魔力吧，那是遼闊的象徵，對於每一個飛向天際的乘客而言，前景也許危機滿布，但移動的過程就是種救贖，至少我們又重新回到了路上。

十二小時的飛行過後，總算平安抵達海洋的另端，已能約略瞥見陸地的廓影。此刻的我，離家好遠，因為時差關係，仍身處出發時的星期天。回顧這段時日，月曆撕了一張又一張，卻像被困在同一天裡，記憶裡徒有空白，和一個不斷掙扎，仍走不出囚牆的自己。

清晨六點，睡意模糊斷續，我睜開雙眼，輕倚著窗，想看清楚路前的世界。這種抵達一處的新鮮感，早已在成為旅行作家後消失殆盡。然而我卻意外地發覺，有股雀躍正盈滿胸臆。某種程度來說，疫情也使我重新認識旅行，珍惜旅行。

隨著高度漸降，城市的繁華、山巒的疊嶂，亦逐一浮現。

天剛破曉，地面僅有微光，卻教人心安，好像這漫長的夜晚終於尋得出口。這趟飛行像場奇異的夢，而夢醒後的旅程，反倒更像一場長夢。抵達的這岸，有多年未見的家人，也有年少時見過的風景，我試圖在觸地前調整心

境，卻還是像個不知所措、初來乍到的嬰孩。雖說不哭不鬧，倒也不知道該以什麼姿態降臨這片遼闊之上。

　　隱約間，走過的歲月宛若重返原點。我又是那個剛滿二十歲，揹起背包隻身遠行的男孩。經歷過無數次旅程的始末，卻從未有過一次這般感觸良多，原來這不僅是旅人重新回到世界的故事，也是男人變回男孩的故事。

　　「各位乘客，歡迎抵達舊金山。」

　　機艙裡傳來空姐親切的廣播聲，替航程作結，為旅程揭幕。方才高空望見的景致，原來皆非狂想，而是真實呈現眼前的不真實。隔著面罩，嚥了幾下口水，清了數聲喉嚨，太多束縛藏起表情，雖說無人在意，但落地時的碰撞，還是令我忍不住地笑了。

　　我以為能習慣沒有旅行的生活，順勢讓自己形塑成家人期待的模樣，但不再出發的日子反而使人焦慮。停下腳步可以是暫時的選項，久而久之卻都成了原地踱步。我看著鏡子裡的人遺落熱情，拋失嚮往，就連面對擅長之事都顯得手足無措，心神不定。

　　始終難以言明這趟旅程的對錯與否，但擺定了猶豫的心，突破重重包圍，出發不再只是熱血沸騰，單純地奔往，而是為著對過去的自己有所交代。

　　這條荒廢許久，沒有再踏上的路，好久不見。

　　說不準路的前方有什麼等著我，但深信長路盡頭，終能找回一個完整圓滿的我。

　　曾在黑夜裡無端墜落，卻又如同窗外旭日漸升，原來只要堅持住，勇敢過，就必定會重逢。

CHAPTER 1

Metropolis

城　市

　　走出舊金山（San Francisco）機場航廈，厚實的行李箱使我舉步維艱，笨重的背包在肩上拉扯著。眼前的車水馬龍除了帶來猶疑，亦有回憶，轉瞬間就令時光倒回兩年前的冬季。

　　2019 年末，我也曾在這，揹著簡單行囊，隻身遠赴大洋的這端。那是個完全不在預想，臨時起意的聖誕假期。十二月的加州（California State）稱不上寒冷，而我開著租來的車，沿著海岸公路馳行，自由自在，未曾料想那竟是疫情前的最後一趟遠行。

　　兩年過去了，疫情尚未止息，但我又返回同樣的位置。這回不是冬天，而是陽光普照，炎熱又溫暖的盛夏。不禁感慨起命運的安排，就像在暗示自己，若真想擺脫陰霾，走出無盡沉暗，就得繼續當年未完旅程，了結留有的缺憾。用一趟遙遠的公路旅行，來和所有該告別，而未告別的事物，好好地道聲再見。

　　接機大廳外，臨停區的路邊，住在灣區（Bay Area）的舅舅搖下車窗，朝我揮了揮手。

　　許久不見的，不單單是這片廣袤的大地，更有生活於此，遠方的家人們。開去家裡的路上，我們用半小時的車程交換兩年的近況，與此同時，沿途景致也在熟悉與陌生間轉換，我欣然迎接這份感覺，就像撕盡月曆末頁，停滯困窘的生活終於翻開新篇。

住進偌大的房間，整頓行李後，躺上舒適的軟床，新換的被褥有股淡香，而我試圖將心中那股不真實沖散。時差的影響及長途飛行的疲憊，令我不知不覺地又昏睡過去，再次睜開眼，窗外晴空湛藍如故。之後的每一天也擁有雷同情節，都從伸著懶腰，迎向加州的晨光開始。

　　即便如此，舊金山的天氣依舊捉摸不定。

　　舅舅家位處灣區南邊，一座名為庫比提諾（Cupertino）的城市。身為矽谷（Silicon Valley）的蛋黃區，抬頭望去，這裡總是晴朗無雲。但每當抱持著晴日的好心情，搭上連結灣區各大城市的 Caltrain 火車朝舊金山駛去，總會在途經米爾布雷（Millbrae）和聖布魯諾（San Bruno）這兩座站點後，發覺天空起了變化。厚重的雲層掩住天幕，自清晨起便徘徊的海霧也未能散去。舊金山的一天是展開了，但藍天總會遲些。起初總因為滿天霧靄而沮喪驚慌，但隨著逐漸在城裡書寫自己的故事，我也漸趨理解，原來有些遼闊，無非需要耐心等待。

1

火車駛抵舊金山前，會將速度放緩，經過一處大拐彎後，就能看見臨海的終點站，城市的天際線亦在此刻於眼前攤展。我總愛偷偷扮演起一個滿懷夢想奔赴繁華的男孩，一無所有，卻期待坐擁所有。夏天才剛開始，一切都像在訴說著明天將有多麼繽紛絢爛。然而這份幻想總在步出火車後，為颳起的陣陣冷風無情吹散，不免讓人懷疑起所處的時節，難怪大文豪馬克吐溫（Mark Twain）曾經這般說過：「The coldest winter I ever spent was a summer in San Francisco.（我所經歷過最冷的冬天，便是舊金山的夏天）」。

　　但有些時候，舊金山是溫暖的。
　　那樣的日子不算太罕見。當天空海洋相連一片，標誌性的加州陽光照耀大地。可遇不可求的天氣條件，讓人忍不住想捨棄交通工具，放慢步履，愜意地沿著港灣散行，這也確實是條值得細品的旅遊路線。

　　從 Caltrain 末站出發，路過棒球場 AT&T Park，便會見著許多依港而建的碼頭。它們以數字標記，取名亦有規律，以渡輪大廈（Ferry Building）為分界點，抵達前由大至小，抵達後則逆之。每回途經 Ferry Building，我都會好奇地走進觀察。與兩年前摩肩接踵的盛況不同，裡頭的商場如今略顯空蕩，部分店家拉下鐵門，暫停營業。少去氣氛熱鬧的攤商，似乎也就變回單純搭船的地方。從這裡出發的航線錯綜複雜，對於城市散落海灣兩側的灣區而言，橋梁固然是重要連接，但船運或多或少，也能減緩塞在路上的時間。

　　推開大門，重新走回岸邊，載滿過客的渡輪鳴笛響聲，正要出發，駛向廣闊的海洋，恍若能通往所有地方。但我們心知肚明，也心生遲疑，究竟有沒有一個方向能歸返自由，能大口呼吸？一個夏天就算碧空萬里，也得先無拘無束，才能真正地稱作美麗。

　　而說回舊金山這座城，儘管繁榮，倒也混亂無比。

　　無家可歸的人流落街頭，自成族群；路旁堆積的垃圾，臭味熏天，清理不及；滲水陰暗的地下運輸宛如犯罪天堂，總讓我在獨自行旅時誠惶誠恐，不時回頭檢視，深怕有人循著來時路狙擊我，攫取我，奪去所有。後來才明白，會擊潰我的，也許不是城裡的人，而是城市本身，我早已在成長過程裡雙手奉上，那些珍寶般的純潔與天真。

生活久了，有時也迷戀起不屬於自己的城市，就像深陷一段剪不斷理還亂的關係，無暇透澈地看遍每處角落，卻又難以兩袖清風地轉身遠走。有時街道太長太多，教人迷惘，建築櫛次鱗比，令人壓抑，我便會往雙子峰（Twin Peaks）爬去。這座緊鄰市區的緩丘，海拔不逾三百公尺，登頂輕鬆，自然也成為情侶們的約會勝地。

　　抬升了高度，模糊了焦距，看得不那麼清楚的視界裡，城市再龐雜，也僅成布景，見證著無數夢想於此誕生，開啟遠大的征程。

　　從Twin Peaks下山的路上，夏風吹拂，我並不知曉風的來處，也無從尋起，只能依循它的方向，往更遠的地方找去。也許會吹進城市，吹上山頭，吹過荒漠，但在途經所有情節後，終究會抵達海洋。一向是如此的，我深信不疑，因為我也為一陣風吹起，正要展開同樣的旅程。毫無來由地，忽然有股衝動想替自己留影。於是我就地卸下背包，用以充當手機支撐。向前走了幾步，沒有刻意擺弄姿勢，只是下意識地舉起雙手，像在釋放什麼，又像要擁抱什麼，直到計時無聲地作結，停住這一瞬。

　　我很喜歡這張照片，並不清晰的畫質裡，不僅留住一個渴望自由的身影，也乘載一個渺小又偉大的決定。鏡頭留住的剎那，誰都無從預知前景，但或許最值得記錄的，從來不是出發後燦爛的風景，而是決心啟程時，那股無法復刻的倔強與堅毅。

　　前路未卜，陰霾難散，儘管留有遺憾，卻在走過所有歲月昏暗後，依然只記住雲影的變換，和天空的華彩。從來不是雙手所能掌握、擁有的，但每當抬頭仰望，卻始終選擇相信，並全心熱愛。

　　其實，我也很喜歡這樣的自己。

CITY LIGHTS BOOKS

CITY•LIGHTS
POCKET•
BOOK•SHOP

電子化浪潮勢頭強勁，難以阻擋，遇上疫情的推波助瀾，和現代人逐漸改變的閱聽習慣，都使得網路銷售躍升主流，如今若還能在城市裡找到一間安好無虞的獨立書店，似乎已是種幸運。

說起舊金山的獨立書店，首先浮現腦海的，當屬城市之光（City Lights Books）。

鄰近同樣知名的垮掉的一代博物館（Beat Museum），它坐落於川流不息的大街，外觀不算出眾，訪客卻絡繹不絕。因為 City Lights Books 不僅是間書店，更紀念著一個曾在二戰後風行全美，崇尚自由、浪跡天涯的文學流派。除此之外，City Lights Books 在推動出版自由化上所付出的努力，及其對文學發展帶來的影響，皆非三言兩語所能交代。時代落幕，精神猶存，如今遊客到訪此地，也許無法挑到最合適的書，卻能在離開之際帶走幾束光，留在身上，偶爾也替自己照亮。

書店的存在當然有其必要，那不單純是存放書本的地方，更是思想堆疊之處。

各種議題、多樣討論，放置不同架上，在拾起翻閱的視線裡，無聲地交會爭辯，迸發火花。人們總說書店裡有股書香味，那不全然是紙張自帶的氣息，亦是字裡行間藏蘊的力量，那從來不是匆匆一瞥的眼神，抑或魯莽躁進的心靈所能領略。而我買書的喜好，除了事先設定明確目標，也喜歡不帶預設立場地走進書店。一場未曾預想的邂逅，有時反而深刻難忘。

好比我與幾條街外的亞歷山大書店（Alexander Book Company），就有著一段神奇的緣分。

隱身高聳的辦公大樓間，不比 City Lights Books 的名氣，若不留心注意，樸實低調的門面，還真讓人看不出來是間書店。然而推開大門走進，頓時能感覺與外頭大相逕庭的氛圍。三層樓的書店，面積並不算大，藏書卻相當豐富。狹窄的樓梯旁也妥當利用空間，掛滿舊金山意象的紀念品，以及寫有「I love California」標語的各種周邊。

忽然想起數年前在廣州造訪，那間通宵營業的獨立書店——1200 Bookstore。就像城裡一盞不曾熄滅的夜燈，撫慰著都市人的哀愁與悵惘。我記得店裡那座通往二樓的木梯，旁側貼滿來客的留言，有人說自己鼓起勇氣環遊了世界，有人說自己灰心喪志，意圖離開這個世界。種種思想態度記載紙上，寫字的人被時間推著成長，寫下的字也為時間渲染，日漸泛黃。

Alexander Book Company 予人的感覺是中規中矩的那種書店，沒有刻意營造文藝氣息，沒有太多不相關聯的合作，就是個售書之處。乍看之下少了點溫度，但藉此令目光重新著重文字本身，倒也不是件壞事。迅速環視一圈，發覺書籍的陳列亦顯得單純，甚至死板，看不出來有任何特別考量。以旅行書區為例，常在一本讀來感動的文學作品旁，擺放著千篇一律、用語冰冷的旅行指南。這些書之所以被歸類在同座書架上，只是因為它們皆以旅行為名，然而探討的角度與命題，其實天差地遠。

而我所嚮往的書店，是擁有旅行文學專屬的書櫃，能將這些作品用心地按照不同屬性及調性分類。每個旅者風格迥異，儘管履過同座城市，描述的視野與落筆的力度亦各有風態。遺憾的是，我從未見著這般幻想的體現。不比花樣百出的旅遊資訊書總會占去大半櫃位，旅行文學終究數量有限，僅能委身一隅。人們也許愛好旅行，擅長旅行，但願意花費時間將旅途撰寫成文的人還是寥寥可數。要能靜下心來，將每回出發上路的故事篩選、描摹、記錄，實在不是件容易之事。

結帳時，櫃檯裡的店員瞄了眼我手裡的兩本書，分別是美國作家 Maggie Downs 的 Braver Than You Think，以及由心目中的旅遊權威——孤獨星球（Lonely Planet）所出版的美國國家公園指南。這般組合，確實讓我看來像個無所畏懼，準備踏遍全美的旅者。

「你去過這個地方嗎？」店員指著書本問起，臉上掛起一抹意味深遠的笑容。

仔細一看，作為封面的照片應當攝於某處國家公園。畫面裡，數隻美洲野牛沐浴漫天霞色，寧靜又美麗，令人心生憧憬。

「我不知道是哪裡，如果有機會，會非常想去的。」

「世界很大，人總是需要旅行的。你應該常常旅行吧？」

「對的，其實我還是名旅行作家。」

用不大堅定的語氣道出自己的身分。話音剛落，我羞赧地低下頭，避開視線。

令人驚訝地，這名店員居然也是位作家，更為神奇的是，他也名叫 Jerry。順著他的眼神望去，檯面上有本名為 Berkeley Noir 的書，那是他的最新力作。在這座百萬人口穿梭如流的都會裡，遇見同名的人並不稀奇，但要遇到一個不僅同名，還做著同樣事情的人，便堪稱奇遇。

週間午後，書店生意清冷，我們倚著櫃檯，酣暢淋漓地聊起許多話題。包括對文字的熱忱，在寫作路途遭逢的瓶頸，這些鮮少分享，亦無人明瞭的情緒，就在這樣一張素昧平生的面孔裡，尋得共鳴。大學畢業後，我義無反顧地踏入夢途，沒有成立工作室，也缺少共同打拚的夥伴，這條創作之路，似乎注定孤獨。

　　即便這段對話時間不長，恍惚間，也令我感覺自己的存在有所價值，就像找到了一個知音。原來在這偌大的世界裡，有著另一個我。在海洋的這端，這也可能是我過的生活。懷有相似的熱愛，為著類似的煩惱掙扎，在不同時差的城市裡，有著同樣輾轉難眠的夜。

　　「你是個在書店上班的作家，這可能是最棒，也最爛的工作。」我玩笑般地說道。

Jerry聳了聳肩，又擺出那副耐人尋味的神情，然後我們放聲大笑，只是這城市太匆忙喧鬧，沒有人會聽到。

其實我想說，Jerry絕對不只是個店員。

他偷偷地告訴我，自己總會將偏愛的作品放至顯眼之處，期盼能被更多人看見。

琳瑯滿目的書籍裡，一定有著掏心掏肺、真情實意的書寫，當然也有迫於商業考量的倉促編寫。書籍可以是流水線般的產物，也能是匠心獨具的寶物。這些真正的作家，也許沒有高人氣，沒有太多關注，但他們依然認真創作，希冀有天能憑靠夢想生活，而善良又溫柔的Jerry，就是保護這些作品的人，在混沌現世裡，守望一方園地。

來赴霧城已有些時日，這卻是頭一回感覺與腳下的土地產生聯繫，好像在這座陌生的城裡，也有處地方認識了我，默默地掛念起我，知道旅人遠赴重洋，他鄉羈旅的原因。這個夏天過後，我又將飛回自己的城市，扮演起那儘管勢單力薄，卻仍能依稀照亮一批人的微光。

不知道何時能再次相逢，就算重新回到這間書店，熟悉的位置裡，Jerry也不一定常在。兩條平行線的有緣交錯，有如美妙的意外，而我已經學會，在相遇化作回憶前，將故事好好地譜寫。

「Stay safe and creative!（注意安全，永保創意！）」Jerry一面揮著手，一面輕聲地說著。

推開書店大門，步回夏日的冷冽，心頭卻無比暖和。

把簡單的祝福牢實地收錄，眼前再多高峰低谷，也只是城裡街道的起伏，總會走過的。

「你是我見過最衝突的人，雖然看來勇敢，但我知道你的內心其實很孤獨。」

許久前，身邊的好友曾在旅途中對我這麼說過。自此之後，偶爾想起這句話，試圖釐清，卻從來無法真正地理解它，更遑論消化它。

勇敢與孤獨，是衝突的兩件事情嗎？

　　回望初始於弱冠之年，這八年多的行旅經驗，我認為正是因為懂得與孤獨和平共處，才得以蛻變成為勇敢的人。而我也鮮少猶豫，不間斷地出發，儘管說不清楚這些旅程究竟會將自己領往怎樣的未來。年少時期的衝動，促使生活一路加速，直至疫情席捲，世界趨向封鎖，既有的工作計畫被連番打亂，我和所有人一樣，只能束手無策地目睹堅信的價值觀崩塌。

　　生活從未如此像是戰場，讓人茫然失措，千瘡百孔。不願困守斷垣殘牆，努力匍匐而過，才在灰燼中逐漸明白，原來自己耗費多年時間砌成的道途，可以如此輕易地在瞬間覆滅，或許我沒有自己以為的強大，更沒有想像中來得勇敢。

　　至於一個人旅行，一個人生活，與自我相處只是種選擇作祟的習慣，其實稱不上勇敢。

　　這不過是生活的另種模式與面貌，而我相信總有人偏愛安靜地生活，不被打擾，甚至多數人也都做得更好。即便走過多年旅途，我仍會在途中因為某些畫面或歌曲心生顫動，墜入憂愁。當然，那樣的情緒起伏撼動不了什麼，但依舊會在異鄉的夜裡翻湧內心鬧騰。如海浪一般，總在奮力奔往，試圖沖淡一切時，也激起自身震盪。可我總能找到平衡，盡心盡力扮演勇敢的人，至少在大眾面前皆是如此。然而疫情導致的劇變與挫折，就像徹底撕去武裝，原來在所有的包裝和故事背後，都藏有一個孤獨的靈魂。

有時我覺得生活和旅行幾無區別，因為獨自旅行並非特例，即便身處家鄉，我依舊踽踽獨行，穿行城市的大小角落。一個人吃飯，一個人觀影，一個人看海，一個人走很長很遠的路。

　　好比現在，我又一次地走過舊金山高低起落的街道，此刻的心理狀態，與我在海洋那端的故鄉無異。旅行的感受，更多時候源於途中景致，而非行為使然。因此，人們口口聲聲論及的孤獨，或許也無從界定衡量，都是為著周遭事物襯托，進而將難以描述的情緒無限放大。

　　坐在海堤邊的情侶卿卿我我，打得火熱，大概是昨夜記憶繾綣；身旁一對新手父母，滿頭大汗地哄弄著懷裡哭泣的嬰兒，人生的每個新階段，總少不了慌亂吵鬧。對比無事一身輕的我，總在觀察之餘，思索起自己應盡而未盡的責任義務。但這些年來旅行養成的性格，使我更愛在視線裡搜尋同樣落單的身影，那就像種情感上的連結，一種無需倚靠語言的慰藉，一種人群裡的認同。

於是我瞥見了他，一個身著黑色衣衫，頭戴鴨舌帽的青年。

從背包大小看來，這應當不是遠行，可能只是家附近的健行。但或許在別人的視線裡，我也可以是形似的男孩。沒有人能一眼望穿步履，更何況去向。旅行路上，始終只有自己才能定義自己，是否遠行，是否流浪。

在繁花盛開的藝術宮（Palace of Fine Arts）前，十字路口的號誌一變，我倆便走進各自的方向，來不及感傷，也沒什麼好感傷。路程前方，是座名為 Lands End 的濱海公園。很難想像吧，在一個距離市中心才十公里遠的地方，竟會以海角天涯為名，聽來極度遙遠，其實不過緊鄰繁華。但話說回來，生活中的許多事情，未嘗不總是在莫名其妙、難以防備的刹那告結？生命、情誼、夢想，似乎總有終點，而旅程亦然，都僅是時間問題。

攤開地圖，按方位來看，若面朝正北，Lands End 位於著名的金門大橋（Golden Gate Bridge）西側，照理來說應當是個能綜覽橋體的絕佳觀景點。然而沿著步道遊覽良久，卻找不著最適當的位置，直到親切的路人出聲建議，便決定去 Lands End Labyrinth 看看，據說那是座由小石子排起，迷宮般的圖騰。真實意義難辨，但擺放於面朝海洋的懸崖上，單純的藝術品無形中也流露出對大自然的崇敬。

　　往迷宮去的路上，就已開始迷路。
　　穿過幾片樹叢後，小徑不復存在，前人的腳印是不明顯的線索，慶幸仍能拼湊，直至陣陣浪濤送抵耳際，這才確信尋覓的海邊已經不遠。好不容易抵達了，迷宮卻形跡未存，徒留塵土，我再一次地與尋找的事物錯身而過，這般結局，幾乎比日常更日常。

　　也許是閒雜人等惡意破壞，或許是場壞天氣使然，原因不可考，至少從海岬眺望的風景仍在，那也正是觀賞 Golden Gate Bridge 的最佳視野。這一天的午後，舊金山如此和暖，天色明澈裡，未見一絲雲，只有湛藍。所有一切都是最好的安排，我止不住地想逗留在這樣的日子裡，甚至貪念地妄想，能永遠活得豔陽高照。

　　倚著海岬的巨石，不自覺地想起這些年的旅行裡，那些得以被稱作寂寞的時刻。

　　划著記憶的舟筏，在回憶裡逆流而上，卻發現曾經的孤獨，如今回想，也都成為勇敢。只是在那之前，終究是歷經各種情緒的拉扯，總在最斑斕的畫面裡，感知事物消逝的預兆；總在最開心的瞬間，莫名地陷落憂傷；總在如雷掌聲裡，下意識地閃躲起根本不存在的指責。或許我就是這樣的人，或許是旅行使我成為這樣的人，這些衝突雖讓簡單的道路變得漫長，走來踉蹌，但故事也應運而生，拼貼出旅者今日的模樣。

所以我還是很嚮往這樣的孤獨。

遊走在自己與他人的情節裡，不盤桓，不交錯，像個步伐未歇的觀察家。有時走的路超乎預期，以為能無盡延長，卻又驀然走至盡頭。總在越過終點後，發現自己失去所有，卻又收穫一種遼闊。那是唯有懂得與孤獨為友的人，才能妥善保留的感動。

返回來時小徑，靠海的觀景臺旁，遠遠地就望見一對情侶正比手畫腳，著急地喊著。

錯愕之餘，朝著他們手指的方向看去，廣垠的洋面上，倏地躍起一隻鯨魚，眾人還來不及發出驚呼，身影就隱沒海面。早來個幾秒，晚來個幾步，或許都將錯過。

美麗的瞬間，有如濺起的水花，看似消散，卻只是回歸眼前的海洋。那一刻，我忽然心生感謝。從來不是最富庶的人，但是孤獨又勇敢的旅程，卻足以讓我成為最幸福的寵兒。不走正規路的人生，固然錯失太多適合停靠的港灣，但或許有些生活，注定揚帆遠航。

　　不期而遇，是旅途最好的饋禮。

　　心滿意足地搭上返程公車，躲進最末排的座位，熟練地把窗推開，海風一下子就吹了進來。時近日暮，光暈搖曳窗景，浪潮來回往復，反覆沖刷擱淺心中已久的字句。陽光無語，卻把孤身的臉頰照得溫暖，回頭一望，也把來時路上的錯誤與遺憾，悉數染成金黃。

　　所謂的灣區，意指北加州地區圍繞舊金山灣（San Francisco Bay）建起的巨型都會區，各式各樣的大小城鎮，加總起來有超過七百萬的長住人口。雖說舊金山最為知名，亦是區域內的商業、文化中心，然而海灣周遭的許多地方也都值得細心探訪，其中又以山景城（Mountain View）一名令人印象深刻。顧名思義，這座城市應當以山巒景致自豪。但之所以情有獨鍾，並非多麼秀麗的風景，而是直接以景致命名的行為，教人神往。

　　說來有趣，山景城雖以山命名，今時今日為眾人熟悉的卻並非山景，而是身為矽谷高科技重鎮，那些坐落於此、名氣閃亮的公司招牌，以及規模龐大又各具特色的企業建築群。我其實從未認真探究過，究竟山景城最美的是哪座山，亦不曾摸清該城的邊界，只是每當沿著 280 號公路或 101 號公路往返，只要瞥見沿途的 Mountain View 路牌，心裡便有個底，知道距離舅舅家已然不遠。

　　旅行中鮮少重複造訪同處的我，倒是在 Mountain View 找到特別喜愛的地方，那便是依著海灣設立，面積廣達三百餘頃的海岸公園（Shoreline Park）。

　　火傘高張的夏季，沿著灣邊修築的棧道缺乏遮蔭，遊客反倒都聚集在園區中心的湖泊，也成為主要的活動地。據說湖水的溫度比海灣來得暖和，因此總能在碧空如洗的日子裡，望見許多人乘著風帆或划著獨木舟，以不同方式與水親近。一派悠閒的模樣，真讓人難以想像這正是疫情殘忍肆虐的加州，如今案例依然以萬的等級增長飆升。

　　之所以喜歡這座公園，或許與它所代表的特殊含義有關。

　　登機赴美前，我無比擔憂，沉浸在數字累疊的恐懼與新聞媒體寫來聳動的標題裡。但我深知，一個好的創作背後從來沒有安逸，所以選擇出發。本以為這會是趟躲躲藏藏、膽戰心驚的旅行，卻在來到湖畔後，因為眼前光景呈現的靜謐，而重新審視起自己是否過度地泛起漣漪。疫情固然嚴峻，我卻不再害怕。這並非不負責任的態度，只是深刻地意識到，生活不是只有疫情，儘管它擾亂了生活，但人們總要努力摸索出一種新模式，奪回主導權，而非徘徊不前，坐以待斃。

　　走過湖濱道路，一旁綠草如茵的緩坡上，數不清的加拿大黑雁無事地閒立著。倘若仔細觀察，還能見到可愛的松鼠，忙亂地在草叢與土堆間鑽進鑽出，既親人又怕人，用多快的速度奔向你，就會用多快的速度逃離你，像極了人際關係裡那些不負責任的相遇，教人莞爾又惋惜。將目光重新聚焦嘻笑聲不斷的湖面，參加體驗課程的孩童們在碼頭規矩地排起長隊，準備登上風帆。不遠處，有艘木船悠然劃過，一位臉戴墨鏡，身材豐腴的女子臥坐其中，正專注地閱讀手裡的書。船隻沒有必定前往的方向，乘者亦同，都隨著水波輕晃、擺盪，都不徬徨。湖畔旁有座維多利亞風格的白色建築，那是歷史悠久的倫斯托夫家族故居（Rengstorff House）。被列為古蹟的它，雖說沒有對外開放，但走進後院精巧高雅的花園，一群工人正忙於布置花圈，明天將有場溫馨的戶外婚禮。

　　這般畫面並無過人之處，僅是個再普通不過的美國週末縮影，但對於因為疫情陷入恐慌的我來說，卻顯得彌足珍貴，原來大地早已復歸安謐，動盪的從來都是內心。

正午驕陽，火般熾熱，於是我尋了張樹蔭下的長椅。將背包充當枕頭，不顧形象地躺下。閉起雙眼，調整氣息，煩擾的思緒似乎都隨著呼吸舒緩，躁進的心亦重拾規律，世界儘管仍在分崩離析，但我已有信心能將其逐一回拼。

　　牆內的世界妥當又安穩，但沒有人能永遠築起長城，做個孤島。跨越對未知的驚懼，跨出牆外，的確需要冒著風險，無法保證明天，更無法說服自己，片刻平穩將能延續一生。但我再也無法包容裹足不前的自己。即將迎向三十大關的年紀，怎能將所剩不多的寶貴時間拿來虛度與暫停？

　　離開公園前，我在某條雜草叢生、人跡罕至的步道旁，意外地發現一塊寫有「USA」的指標。突兀地放置路中，牌面上亦無說明，徒有一個指向USA的箭頭。想了半天，依舊無法理解它所指稱的意涵。這裡並非國界接壤、劍拔弩張之地，不過是一處風光明媚、供居民休憩的公園，雖不平凡，倒也不特別。

或許 USA 的縮寫別有他義，不得而知，如今想來，反倒更像個無聲的肯定，肯定著決心順從方向，橫越海洋，降落在遼闊大地上的自己。受傷的羽翼儘管殘缺，尚能飛行，而這趟睽違多時，從來不在規劃裡的旅途，也令煩亂的心靈得以重新梳理。從震盪，到空蕩，再到現在，我已經能夠讓途中景致盈滿身心，重新回到了旅途，也回到了自己。

　　走過一座以景致為名的城市，卻不是在層巒疊嶂的山峰間尋獲美景，而是當遵循心之所向，踏上遙遠的旅途後方才明白，原來選擇本身，就已足夠美麗。

　　無從掌握方向的對錯與否，至少努力不偏離自己的內心太多。

　　也許這樣的決定，不免俗地會攜來些許雜音，但我只是，無法再丟失任何一個夏季。

　　說來好笑，我發現自己從未認真地欣賞過半月灣（Half Moon Bay）。

　　這座風光旖旎，外觀呈半月形的海灣，離舅舅家並不遠。約莫五十分鐘的車程，抵達前得先途經迂迴崎嶇的山道。暈頭轉向之際，前路豁然開朗，視線也重新延展。駛出了山，海就不遠。

　　第一次前往Half Moon Bay，是在施打新冠疫苗後的隔天。

　　本想待在房裡多作休息，但窗外的晴空和暖陽像種誘惑，而我自覺體力尚佳，便起身在地圖上東查西找，硬是說服舅舅帶我前往還未造訪過的海灣，心想這般晴朗的天，海水也會更顯靛藍。然而我終究是個剛打完疫苗的人，下車後，只覺全身乏力，頭重腳輕。面對美景，卻連將單眼相機舉起的力氣都沒有，只能盲從地跟隨舅舅的腳步，什麼話都聽不進，不知道欲往何處去，也搞不清楚自己身在哪裡。

　　強作精神拐過幾處彎，來到隱藏險峻山崖旁，一座彷彿與世無爭的海灘。

　　午後時分，日光明晃，遊人恬意，怡然自得，任憑時光溜走，也顯得毫不在意。鋪起野餐墊，他們或躺或臥的姿態，像在喻示眾人，步履匆忙的靈魂，反而會損失更多。另一邊的海堤上，聚集起許多釣客，正聚精會神地盯著手裡的釣竿。在他們周遭晃了幾圈，瞧上幾眼身旁的水桶，看來並非豐收的好日子，但能把珍貴的光陰投入喜愛的事情，即使無功而返，也是種難能可貴的幸運。

　　返程前，舅舅提議來點美食，隨後便領著我走進碼頭邊名為Barbara's Fishtrap的海鮮餐館。

　　簡陋的店舖，大半地基都搭建於海灘上，看來並不踏實，卻也確保了絕佳的港景。屋頂鱒魚造型的霓虹招牌有些老舊，倒也默示了歷久彌新的口碑。把炸魷魚和巧達濃湯外帶，坐在戶外的座位，海風既涼爽又凜冽。我的頭不時地抽痛著，儘管無法清晰地記得走過多少距離，抑或收穫多少風景，卻依然很喜歡這處地方。返程車上，似睡非睡間，幾近失憶，待醒來時已回到家門口，Half Moon Bay就像場不大真實的美夢。

　　幾週後，總是精力旺盛的表姐相約數名友人，興高采烈地宣布這個週末，大夥兒要出發去Half Moon Bay採海膽。任務聽來困難，至少我未曾嘗

試，也不知該如何執行。經驗可以沒有，至少裝備必須齊全，為此我提早透過網路搜尋，最終還是決定在家附近的運動用品店，讓櫃檯裡親切又專業的女士推薦。

萬事俱備，來到海邊，笨拙地換上手套與雨鞋，摩拳擦掌地準備大顯身手。不料，隨著本該退潮的時間到來，海水卻仍顯幽深。同時間，岸邊漸為濃霧籠罩，模糊起海洋與陸地的界線。我們一行人錯愕地站在水中，神情沮喪的表姐則無奈地聳著肩，看來是搞錯了退潮時間。放眼望去，海灣與上回判若天淵，詭譎又危險。不服氣的我，逕自朝深處走去，意圖抵達所謂的潮間帶，卻寸步難行，無力再向前。伴隨天色漸暗，氣溫急遽下降，夏日的海水竟能如此冰冷，即使隔著雨鞋都能察覺。

不願放棄的雙眼仍持續搜索，隱約間，疑似在水裡看見海膽的身影，於是我小心翼翼地彎下身，撥開海水，卻發現不過只是塊石頭的陰影。眾人陸續走返岸上，徒留我衣衫單薄地佇立海中。霧緩步地趨近，先是包圍，接著隱匿，視線茫然的我再也顧不上什麼海膽，趕緊撤退。

先一步上岸的表姐朝我大力揮著手，言談裡有股歉意。

我卻忽然覺得斬獲與否變得並不重要，儘管她在行前展示的海膽料理示意圖，確實令人垂涎三尺，口水直流，而我也在來時的車程裡，幻想著一頓豐盛的海鮮大餐。但空手而返的我卻不失望，反倒在過程中赫然發現自己已經許久沒有觸碰海洋。這片刻體悟儘管微小，卻來得深切、珍貴，想來滿載而歸，便能一笑泯然。

拎著輕盈的水桶，步伐沉重地走回停車場，沒人願意點破這是一次失敗的體驗，但也無人出聲抱怨。疫情期間，還能與好友相聚，一同做件傻事，還能有什麼比這更棒的事情呢？水桶裡雖然沒有裝滿蚵貝與海膽，反倒增進了堅固的友誼。我望向遠方海堤，年邁的釣客仍未撤離，奮力地拋出魚線，順勢彎下了腰。那般姿態，恍若帶有敬意與感謝，面朝海洋，深深地一鞠躬。

似乎始終無法好好地欣賞Half Moon Bay，總有些插曲，令我無從見識它最美麗的模樣。但旅行有時就是這樣，不如預期，又狀況百出。但來到一座以半月為名的海灣，或許本就不該追求圓滿。在旅途中有意無意地犯些錯，適度的遺憾，從來不成什麼壞事，都是為著再次重返。

　　回家後，那雙買來的雨鞋就此收入倉庫，再也沒見過。
　　雖然未曾派上用途，但靠著它，卻也令我邁出腳步，走抵水央。短短幾步距離，就找回一種丟失已久，無比想念的自由。也許終究難以帶走這份遼闊，但久別重逢，已足以銘記感動。放在心底，留待未來的日子，細水長流。

　　待明日朝陽升起，彼時陰沉的汪洋，又將變回碧藍的大海。
　　是不是只要站得夠久，抵擋所有寒風潮湧，長夜過後，就能成為自由的人呢？我沒有答案，任誰也無法給我答案，但只要順著熟悉的路徑，挺過彎繞，儘管無可預知前方天氣的好壞，至少海洋永遠都在那裡等待。

　　決定去帕西菲卡（Pacifica）是個很臨時的決定。

　　但要前往那裡，雖然唐突，卻不能糊塗。因為往 Pacifica 去的路途遙遠又複雜，若不開車，便需要利用多種交通工具。首先搭乘火車 Caltrain，換乘大眾運輸 Bart，再轉乘兩班公車，路線曲折又耗時，但對於尚未領取自駕車輛，展開公路旅行的我而言，這是唯一解方。還沒徹底搞懂 Pacifica 究竟哪裡誘人，值得這般折騰，步履已經先思緒一步，踏往轉車前去的路上。

　　週間午後，沿著濱海道路行駛的公車裡，乘客零零星星。疫情緣故，眾人頗有默契地保持著距離。一如往常，慣於坐在末排的我將車窗推開，空氣流通之餘，也令平淡無奇的車程多了海風參與。

　　一路坐至終點站，向司機揮手道謝後，我是唯一抵達 Pacifica 的人。

　　漫無目的地走著，只打算聽從表姐的建議，先到販售墨西哥捲餅的 Taco Bell 來頓午餐。雖說身為著名連鎖品牌，幾乎每條街都能見到它的身

影，但位於 Pacifica 海灘的分店，據稱是唯一販售酒精飲料的 Taco Bell。對於不喝酒的我來說，這倒也不構成什麼非去不可的理由，反而是餐廳旁坐擁大洋景致的用餐空間較為吸引我。

美景美食，搭佐一顆悠然閒適的心，我應當能在這方天地坐上許久。

然而這終究是 Mark Twain 口中的那個夏季，明明陽光熠燿、晴空萬里的海灣，卻吹起強勁又冰冽的海風，教人難以享受。儘管寒冷，但驟降的氣溫無法阻止眼前的衝浪客奔向海洋，打消他們躍上浪頭的渴望。即使是平日，海灘依然人潮洶湧。疫情雖然帶來各種限制，倒也推廣了 Work From Home 的概念，倘若妥善運用，反而還予大家更多自由。

　　一直以來，我都是名 Freelancer，出門在外總會隨身攜帶筆電，無時無刻，任何環境皆能寫作。疫情與否僅是減去工作數量，卻並未替工作模式帶來翻天覆地的改變。疫情遠未結束，但美國已有許多企業宣布永久 WFH。無需花時間通勤，反倒專精工作效率。誰說非要按表操課，今日工作提早結束，便把握尚好的天光，去城裡走走，或到海邊衝浪。也許聽來奢侈，但還能有什麼事比浪費生活來得奢侈？而我從來就厭倦得互看臉色，忍氣吞聲，拘囿僵硬的職場文化。

　　嘴裡咬進塞滿肉餡的捲餅，紙盒裡的薯條已早我一步失溫，而我無力阻止，轉而研究起 Pacifica 的地圖。若沿著山徑朝北走，翻過矮丘，便能到達洛克威沙灘（Rockaway Beach）、夏普公園沙灘（Sharp Park Beach），和向海延伸的棧橋。步程雖然不短，走路卻能暖和身子，便在吃飽喝足後動身出發。爬上看來平緩，走來實則費力的山坡，離開海邊後，山間的風亦不再寒冽。陽光依舊溫煦，天高氣爽，好天氣仍在持續。加州的夏日，面貌儘管多變，似乎也永遠不會離去。

　　途經莫里角（Mori Point）時，我停留了半晌。自這頭回首，能明晰地看見身後的路，盤繞蜿蜒，繫在山腰間。無法望盡來時海灘的全貌，反倒見著抵達海岸線前，波光粼粼的浪潮。

海岬孤寂，風又猖狂地吹起，意圖掩飾大地未盡的話語。正想迴避，卻遇見同樣隻身前來的女子，緘默地凝望著巨岩嶙峋。名叫 Riley 的她，就住在鄰近的社區，本業是學校的行政人員。由於尚未開學，便趁著工作悠閒之際，來到家附近的海岸健行。當她問起來處，我則望向遠方，說自己來自海洋的那端。面露驚訝的她，笑著說道：

「雖然遙遠，但我們還是抵達了同樣的地方。」

簡單的語句，有著哲學家的深意，和共路人的暖意。

話匣子打開後，Riley 滔滔不絕地訴說著。憂心忡忡的她，惶恐於日益分裂的美國社會，和混亂無比的世界未來。憂國憂民之餘，她也轉而向我介紹起 Pacifica 的人文地理，包括眼下一座接往山腳去的木梯。歷史悠久的它名為 Bootleger's Steps，據說在多年前月黑風高的夜，曾被用以走私非法酒藏。又或者再往南行一些，在莫斯海灘（Moss Beach）流傳的著名鬼故事，有位被稱作 Blue Lady 的女鬼，迄今魂魄未散，仍遊蕩在老舊餐館裡，尋找她消失的愛人。

Riley 肯定是那種這輩子很難再遇到的人。

　　儘管迅速地交換了 Instagram，但眼見她的上篇發文已可追溯至數年前，再加上她連 IG 在何處都搞不明白。有些人，有些緣分，縱使留有社交媒體的聯繫，亦是杳無音信的。不論刻意或無心，在波濤起伏的人生裡，終究只能淪為路過的名。雖說後會無期，但我依然很開心認識 Riley。她陪我走下陡長的木梯，我望著她的身影逐漸遠去，沒有太多傷感的詞彙，揮揮衣袖，都讓海浪去替我們道別。

　　續攀一座山，沿途成片黃沉，未有太多綠意。由於缺少雨水滋潤，加州的山嶺在夏季總顯得貧瘠。光禿禿的山頭也是氣候變遷的證明，但偶爾仍能幸運地在路旁枯草堆裡，見著幾株野花盛放。不合時宜，卻又獨自豔麗。

　　同樣綻放，不畏季節轉變的，還有眼前坐在長椅上的老夫妻。順著他們的視線看去，能將廣闊的灣景盡收眼底。我不知道流淌而過的時光是否溫柔地相待，但他們輕柔的眼神裡，沒有悵然，沒有怨嘆，彷彿目光盡頭，是多年老友般的海灣。也許他們一直依著這片海生活，浪濤未曾間斷，彷彿日子紛至沓來的片段，總是湧進過多笑淚悲歡。從早春到遲暮，從日升到日落，恍惚間，便是一生。

　　拿起相機，用瞬間記錄這片刻永恆，默默地在心底獻上祝福，祝他們永遠幸福。

　　我也希望自己能成為這樣的人，有天站在制高點，回望此生走過的路，固然有些昏沉黑暗的時刻，總歸來說，記憶裡都是蔚藍的。

「 *You can't connect the dots looking forward. You can only connect them looking backwards. So you have to trust that dots will somehow connect in your future. You have to trust in something — your gut, destiny, life, karma, whatever. This approach has never let me down, and it has made all the difference in my life.* （你無法預先串起人生的重點，唯有回顧時方能明白，所以你必須相信，這些片段總會在未來，相連成線。你必須要有所信仰，相信自己的勇氣、目標、生命、因緣 ...... 所有一切。而這個過程從未令我消沉，反而使我的人生獨一無二。）」

　　我總是將科技巨擘賈伯斯（Steve Jobs）在史丹佛大學（Stanford University）演講時留下的至理名言，視作畢生座右銘，也常在夢途迷茫時，反覆用來對自己說理。回想踏入文壇的征旅，有時亦會驚奇地發現，許多今日擅長並喜愛的事情，確實都能追回過去。

　　高中身為校刊社主編的我，並未交出多麼優秀的作品，但多少也培養起寫作的熱忱與能力。然而彼時迸發的火花，僅為一瞬，短暫地照亮對於前景的渴望，卻無法指出明確的方向。之所以成為一名旅行作家，更多轉捩點還是發生在大學。

　　我的大學生活與常人有些不同。學校離家不遠，未有機會住校，也因為不愛太晚回家，總是刻意躲閃聚會。某種程度來說，我的大學其實無異於高中生活，甚至與同儕的交集還更顯薄弱。總是隻身穿梭於教室間，上著不同科系開設的各類稀奇古怪課程。或許也是這樣的自由，讓我有更多時間思考自己究竟想變成什麼樣的人，並把握空堂時光，展開一個人的旅程。

　　然而我確實常作反思，是否當初能有更好的選擇。與旅行的關係就算再緊密，也難免有縫隙。年輕的生命，在最該嘻笑歡鬧的年紀，自願調成

靜音，似乎也過猶不及。儘管所有回望如今都無濟於事，只是取捨的問題，但我偶爾也會想念，當年那個尚未登臨舞臺，被鎂光燈照上，也還沒成為誰的偶像時的自己。青澀單純，一意孤行，總在堅持的事情上聽不進任何一句勸。今天的我，模樣裡可否還留存他的身影？

從舅舅家出發，搭乘半小時的火車，我在帕羅奧圖（Palo Alto）下車，目標是鼎鼎大名的 Stanford University。

打從畢業後，便鮮少以學生身分走進校園。多半時候，我都是臺前授課的講師。即便穿梭於熟悉的環境裡，卻已不復當年，不再靜默地聆聽，而是繪聲繪色地說著那些聽來荒誕，神奇又溫馨的旅途故事，期冀能憑微薄之力，把對於自由的渴望，種進臺下任何一雙可能的目光裡。講座帶來的力量，能在學生們的生活裡延續多久，我無從得知。每場演講更像是種自我對話，回顧整理之餘，無形中也領著我走向未曾預想的生活。

或許是因為還沒開學，也可能是改為線上教學的關係，平日的 Stanford 空空蕩蕩，不見莘莘學子。著名的圓拱型迴廊，伴隨陽光錯落，顯得典雅又沉靜，幾乎要讓人忘記它的名氣。以拜占庭藝術風格建造的教堂大門緊閉，無法親眼見證它的弘大堂皇。霎時間，數聲鐘鳴響起，不知從何處傳來，也許是鄰近高聳的胡佛塔鐘樓（Hoover Tower），也許是我一去不復返的學生時代。迴盪在不同人耳裡，有著不同解讀。對於一個從不隸屬於哪裡的旅人而言，Stanford 或許是間頂尖名校，但在行旅的步伐裡，充其量也就只是個途經的點，轉身離開後，還能給我什麼予以留念？

　　應該就是手裡這只印有紅杉校徽的 Nike 聯名背包。

　　儘管努力想假扮學生，但依然按捺不住觀光客的靈魂。走進紀念品滿目琳瑯的校園書店，翻來找去，最後決定帶它回家。背包裡裝載的事物也許與校園無關，但世界即是課堂，旅人也總在迢遠行途裡學習成長。肩上的重量，不是沉重，而是穩重，得以使人心安地奔往更多未知的旅途，迎向充滿無窮可能的自己。

　　然而當時並不知曉，這只實用又時髦的背包，竟會在數週後替自己惹上麻煩。

那是當我坐著灣區的捷運系統 Bart，越過舊金山海灣，來往對側的奧克蘭（Oakland）。這處惡名昭彰，犯罪率居高不下的地區使人驚膽戰，而我的目的地則是另座名校——伯克利（UC Berkeley）。

　　順著坡度平緩的長坡走進校園，那是與 Stanford 截然不同的景象。

　　鐘聲甫響，學子快步奔走，處處洋溢著青春的氣息。我一面慶幸演技拙劣的自己混進來倒還像個學生，同時間，卻也注意到部分人的眼神布滿困惑，甚至輕蔑不屑。不明所以的我直至走累了，在地標般的薩瑟塔（Sather Tower）旁稍作休息時，才發現原來自己肩起那只印有 Stanford 校徽的背包，走進了死對頭 Berkeley 的校園。無心又愚蠢的錯誤，令人無地自容，只得趕緊逃跑，躲進對街的販賣店購入一件代表 Berkeley 的帽 T，並把外套脫下，綁在背包充當阻擋，做回一個事不關己、不偏不倚的遊客。

　　鬧劇過後，順著路標，攀過陡坡，朝 Big C 爬去。據說那裡有著絕佳的觀景視野，得以俯瞰整座校園，若遇上天清氣朗的日子，還能遠眺海灣對面的都會。

　　然而費盡體力攀抵山頭，卻發現山徑前方鐵門深鎖。驚詫之餘，也皺起眉頭，本以為聰明的自己抄對捷徑，卻在行至末尾時，才發覺無法通往想望之處，亦無時繞路回頭。想去的地方近在眼前，卻僅能隔籬遠望。我已不是大無畏的年紀，缺乏翻越鐵欄的勇氣，只能摸摸鼻子，自認倒楣地接受。都說成長是種積累，有時卻更像種交換，舉凡純真、冒失、衝勁，我們交出那些年少時促使我們犯錯的事物，作為前往世界的入場券，卻在目眩神搖的繁華裡抹消往昔，淡忘自己。

　　數月前，一名高中畢業後便失聯的朋友，因緣際會再次搭上線，在久違的聚餐時，對我讚譽有加：「你真的很厲害。猶記得高中時，天天聽你說著自己多熱愛寫作，立志成為一名作家。可是當時我們說出口的夢想，不過只是玩笑話，只有你認真地實現了。」

她不會明瞭，脫口而出的話語給予我多大的激勵。有時候，長路太長，就連自己都會遺忘啟程時的模樣。感謝有她，替我留住了一絲年輕時的樣貌。當年那個不懂青春，只懂遠行的男孩，走到今時今日，依舊沒有搞懂青春，但遠行的步履仍未停下，執拗地做著喜歡的事，儘管前途迷茫。

　　下山後，校門口的大道正舉辦著熱鬧的社團博覽會。嶄新的學期就要開始，新生們成群結隊，把寬敞的道路擠得水泄不通。我忍不住好奇地望向帳篷裡的海報簡介，桌後的學生立刻起身，親切地遞出傳單。我連忙向他揮了揮手，作勢推辭，轉身離去。心裡愧疚地希望他不要挫敗，覺得我是個難搞的傢伙。他們在做的事情看來有趣，他們的目光裡也保有熱情。只是我已不再那樣年輕，在以時間為名的光譜裡，我們已是深淺不一的色彩。

　　難以重返過去，儘管不願捨棄，依舊得在鐘聲響起時，拎起行囊遠離。
　　揮別陽光普照的校園，我再次走進陰冷潮濕的地下車站，搭乘陳舊不堪的捷運回去。戴起耳機，播放事先整理的歌單，不知不覺便昏了頭，沉沉睡去。醒來時，車廂裡僅剩我一人。途中太多面孔，先到的、後來的，都已下車。門上的顯示器，來回地跑著 Coliseum、Bay Fair、Hayward、Union City……各種讀來陌生的站名，尚未抵達，卻注定馳往。

　　生活宛若奔前的列車，有循規蹈矩的時刻，就有難以避免的失速碰撞。誰都是這樣，懵懂地一夜長大，但日後總有片刻乍現，閃回青春，卻無法停靠，也無從停靠，只能過站。倘若能再次見到學生時候的自己，其實也不必多說什麼，只想拍拍他的肩，感謝他將少時的熱愛如實地傳達給我，沒有偽裝，沒有隱藏。

　　不同階段的人們，在同條線上匆忙地走著，為數字累疊，令面容改變。觸碰不到彼此，卻影響著對方，也分享著同樣的徬徨與迷惘。如此一來，青春便有跡可循，雖是回不去，也到不了，倒也明白，那些心裡偶爾想來柔軟的地方，永遠是最燦爛的原鄉。

在灣區生活的頭一個月，幾乎每天都在健行。

疫情帶來多樣改變，當然也包含旅行的出遊習慣，不再喜歡往人潮密集的都市去，而是將更多時間都投向大自然。追隨著熱中戶外運動的舅舅，也得以認識灣區各類風貌迴異的棧道。有些接往蔥鬱樹林，盡享僻靜；有些則貼近懸崖峭壁，直臨大海。無論哪種路線的健行，總令人在漫步之餘，感覺自己正為山海包裹，這是疫情期間珍貴的幸運，也是最直入人心的慰藉。

活在充滿變動的世界裡，心裡自然有底，大地的許多變化，有時亦參雜著人為因素。

決定前往明礬岩公園（Alum Rock Park）晨健的那天，甫推開房間的窗，便發覺外頭環境的不同。

「今天空氣很糟糕，風向改變了，所以野火把煙都吹來。」

舅媽一面在流理檯前烘煮早餐，一面淡淡地說著，語氣裡聽不出任何起伏，好像這是件再平常不過的事情。的確，對於加州居民而言，這可以說是年復一年的災難。話說回來，適度的野火並不全然是件壞事。涅槃重生後的山林，往往富有更多活力，亦蓄蘊起日後轉變的能量。但問題癥結點在於，火勢蔓延的規模與速度總是超乎預期，不覺間便擴展成致災性的狀態。

好比此時，已經躍升州內史上第二大的 Dixie 野火正無情地肆虐著，導致北加州許多地區的居民被迫撤離家園。雖說起火點距離灣區有著相當距離，但風向的轉換連帶攜來了塵霾，促使天空煙霧瀰漫。無法為加州溫煦的陽光穿透，地上的人們望不見藍天，徒有滿目蒼白，偶爾夾帶幾縷淡紅。這不是我熟悉的加州，卻是當地人熟悉的加州。

「你有沒有聞到空氣裡的燒焦味？」

出門前，舅舅隨口一問，便將口罩拉緊，坐上駕駛座。而我大力地朝外頭深吸了幾口氣，卻未察覺異常，畢竟家鄉的空氣品質也好不到哪裡去。但望向遠方色調詭譎的天空，也有所明白，這絕非適合外出健行的好天氣。

然而我們還是來了。

半小時過後，發現自己站在 Alum Rock 的公園入口，對著步道圖摸索哪條小徑得以最快抵達山頂的老鷹石（Eagle Rock）。據說 Alum Rock 的命名由來，源於人們認為當地的岩層富含鋁，後來說法卻被科學家推翻，但人們也將錯就錯，把誤會活成正解。就像加州燒不盡的野火一般，久而久之，錯誤就成為了一種習慣，儘管習慣背後有著無盡無解的無奈。

Eagle Rock 象徵著公園高點，前行路上，盤延的山道未見太多遊客。我和舅舅並肩走過由砂礫鋪成的道路，步伐踩得再輕，也總會不經意地揚起塵沙。登山過程雖稱不上辛苦，但依舊得付出些許汗水。我很喜歡這樣，將專注力放至步履，踏實地感受每一步的距離與分量，至於登達山頂時的犒賞，便是一覽無遺的景致。只可惜，今日的山頭獨缺這項大禮。舉目遠眺，事物皆為煙霧籠罩，教人無法明辨海灣與城市的邊線，遠方和腳邊看來竟是同等形樣。

儘管立在山崖邊的巨石看來危險，我還是小心翼翼地爬了上去。站在自己所能企及的最高處，依然難以抒清視線與思緒。望向腳下這座看不清，也不歸於我的城市，有股謝意湧向心頭。感謝它在涇渭分明的時代接受了我，就像住在灣區的舅舅一家人，在人與人必須嚴保社交距離的今天，選擇接納我，讓我得以暫時地搬進他們的生活。

對於這座城市和家人的包容，我感激涕零，卻也千愁萬緒。今晨的新聞播報，說著加州又新增萬餘病例。北方的 Dixie 野火絲毫未有受控跡象，又燒毀多少森林與城鎮。同時間，太多災難發生著，每一個明天，似乎都讓人們更渺小了一點。

對於地球的未來，儘管擔憂，倒也無能為力；而對於自己的未來，我也缺乏自信。在這病毒傳不停，野火燒不盡的世界裡，我就像是寓言裡擁有不同情節，卻墜進相同結局的伊卡洛斯，明明沒有飛向太陽，卻依然鎩羽折翼。

爬下岩石時，一個不注意，便被銳利凸出的石尖劃傷腳踝。

傷口刻度不深，卻磨去一層皮。後知後覺的我，直至拍落長褲沾惹的灰土後，才逐漸發覺有股疼痛自下肢竄升。我呆立原地，反常地笑了。有如災難片般的生活裡，本以為早已麻木不仁，原來還是抱有感覺。世界縱然殘酷，也沒有使我放棄。只要有條路，旅人就能走下去。假使前方無路，不服輸的自己，相信也總能走出新道吧。

疫情發生以來，彷彿像在深信不疑的世界裡失速。無法觸底的墜落，最讓人不知所措。

儘管豐富的行旅經驗形塑出果敢的我，卻也讓我明瞭許多事情似乎無力回天，亦難以改變。但是我依然堅持地走過一座又一座城，在災害中偎身而過。年輕時培養的價值觀，隨著奮力地衝撞世界，信念亦會受到衝擊。不斷地解構、塑形、再解構、再塑形，偶爾在自己的林地裡，有意無意地縱容一把火。試著把錯誤活成正軌，在正軌中容許錯誤，努力在餘燼裡，盼得生機。

抬起頭，再次望向橘紅的天空，朦朧間，浮現一絲淡藍，若有似無，並不明顯。這也許是事情將要轉好的預兆，又或是事情轉壞前最後的悲憫。我不知道的事情實在太多，我只有二十幾年的知識與經歷，卻得對抗整個世界的災變與惡意。

但在追逐夢想的道途上，我未曾逃避，也該是時候離開海灣，朝更遠的地方去。

這些年來，一直以為支撐自己走過旅程的是勇敢，現在才明白，原來是希望。

是希望，令人看見色彩；也是希望，讓人在無盡晦暗裡，依舊不忘色彩。

CHAPTER 2

Mountain

山　林

Mountain ──────────────── #1

領到接下來要相伴整個月的汽車後，才意識到真正的旅程終於要展開。

再遠的距離，出發前也不過只是數字冰冷，直至啟程的那一瞬才化作真實。

為了省錢，我事先在租車公司官網預訂最便宜的方案，意即無法指定顏色與車款，而櫃檯裡帶有濃重口音、有權主宰生死的大姐，面無表情地給了我韓國品牌 KIA 的輕休旅。整體車況良好，內裝簡約時髦，唯一不滿意之處就是豔紅的外觀。還稱不上醜，但端詳良久後，依然無法發自內心地喜歡。雖然無奈，也只能接受。況且前方有著五千公里長路等著，我需要一個夥伴，即便這個夥伴有些高調，似要廣昭天下我的出發，至少它能在接下來的旅程中，提供棲身之處，亦陪我度過漫漫長途。

對於自駕遊的嚮往，應當是養成於大學畢業，取得駕照後的時光。

甫成為背包客的頭幾年，主要靠雙腳步行，偶爾乘搭交通工具，也常因為語言不通，或不明白當地習慣而搭錯車，走過數不清的冤枉路。當然，那些遭遇也令我迎向意料之外的風景，更常在等待過程裡與故事相遇。然而，若能在旅途中擁有一臺車，無非是種全新感受。出行速度加快，移動範圍也趨向靈活，但可想而知，野心亦會隨之放大，往往規劃超出自己所能負荷的距離，形同趕路還渾然不覺。

但汽車終究是探索美國的首選方式。

面對遼遠的國土，許多文化就建立在公路之上。沿途景致亙古不變，但一代代人都為著不同原因出發上路。數不盡的過路客們將所見所感詳實地記錄，化作藝術品，在音符、圖像、影片中被翻製重印。可以這麼說吧，每個人的生活印記裡，或多或少皆有美國文化的身影，而這些符號記憶，有時就源於一條遙遠的公路。

今時今日，便捷的導航系統減少人們半途迷津的可能，但旅程中的距離卻無法縮短。對於運輸建設嚴重不足的美國而言，開車上路從來不是選擇，而是命定。先天的冒險基因，加總後天的環境，使得當代人儘管不再開疆闢土，卻依舊游移。這些貫穿陸地的公路亦有如血脈，無論縱向或橫向，繁華或荒涼，都令無數故事得以交織相會。

眼下的路程是將近四百公里，加州的北方城市——雷丁（Redding）。

旅遊書直言不諱地指稱那是座窮極無聊之城，而我事先查閱資料，也著實沒找著造訪的理由。我只是需要停下來，在到達今晚的下榻地前，總得有處地方讓人伸展筋骨。尤其在經過長達四小時，幾乎完全無需轉動方向盤的車程後，我必須接連地播放節奏強烈的樂曲以保持清醒。5號公路，形態過於簡單，筆直的路途教人不自覺地踩快油門，待意識跟上，才發覺速限早已被拋在腦後，慶幸後照鏡裡沒有警車鳴笛聲響。說來奇怪，也說來暢快，似乎已經許久未有這般飛快地奔馳著，儘管眼前等待的不過是座

索然無味的城，我卻滿心期待地奔往。再次出發，重點早已無關抵達，能重新回到路上，便已感激不盡。

而 Redding 也確實無趣。

把車停在唯一值得走訪的日晷橋（Sundial Bridge）旁，來時路上發生了些許插曲，導致行程耽誤，開抵時已近傍晚。幸好夏季的加州日照時間綿長，暫時無需擔心天暗，仍要繼續趕路。橋上遊客稀落，橋旁店家已提早打烊，我來回地走著強化玻璃築成的橋面，底下一條本該清澈見底的河流，此時正為煙霧掩蓋，無法見明。

比起灣區，Redding 的地理位置距離 Dixie 野火又更近了些，空氣裡盡是燒焦氣味，不時地刺痛雙眼，這回我是終於聞出來了，也深刻體會。攝氏四十度的高溫炙人，鼻息間只有窒息，此地實在不宜久留。不禁猜想，當地居民已在這樣的天候狀況下生活了多久。是否對他們而言，每當夏天到來，大火焚起，一段冗長又折磨的時光便宣告開始。

Redding 的夏天是灰黑的，刺鼻的，是昂首卻難以望見藍天白雲。

這個國家過於廣袤，就連一個州都有太多面貌，無法以單一色彩界定，亦無法用一趟公路旅行辨明。我終究只是過客，無計可施，僅能憐憫。轉身離開，卻不明白自己帶走了什麼。駛離 Redding 的路上，我莫名其妙地咳了起來，難保是 Delta 病毒，抑或山火殘餘，聽起來都不是太好的紀念。

今晚的下榻地，是座名為鄧斯謬爾（Dunsmuir）的山中城鎮。

我不會告訴你選擇此處落腳只是因為喜歡它名字唸起來的感覺，我也不會告訴你為了在天黑前抵達，山中撓折的公路上，我開得有多快，並在沿途驚見多少為前車碾碎的動物屍體。但我可以告訴你，這是一座極度安靜的小鎮。天邊餘暉仍未散盡，Dunsmuir 已迎來山谷的夜，我未在鎮上的主幹道遇見任何一臺行駛中的汽車，也沒有看見任何路人，彷彿所有生命都趕在暮色降臨前歸巢，轉念一想，或許這座小鎮本就沒有太多居民。

抱著疑問，駛進投宿的汽車旅館。

櫃檯後方連著自家住宅，隱約能瞥見正播映新聞的電視機，和擺滿飯菜的餐桌，空氣裡瀰漫著濃重的咖哩辛香，是我打擾了一家人的晚餐時光。老闆娘親切地講解 wifi 密碼與退房時間，也建議我把握餘下天光欣賞鄰近的山瀑。於是我把車直接開至房門口，將行李丟進房間後，便快步踏往山徑，走進樹林。然而朝瀑布前去的路比想像中來得長，不願落得摸黑返程的窘境，便半途打消念頭，只在步道入口處用湧出的泉水洗了把臉。

聽說 Dunsmuir 有著全世界最好的水，但對於我這個常因一天攝取不足成人飲水量，而三天兩頭為教練碎念的人來說，實在不比什麼水質專家，不懂分辨好壞。我還是只能告訴你，Dunsmuir 有多麼幽靜。黑沉沉的天幕裡，星光次第現影，論誰也無法靜止光陰，小鎮卻被按下靜音，安詳靜穆地融進夜裡。

走回汽車旅館後，我好奇地伺探起今晚的住客。

隔壁房間掩起厚重窗簾，隱約發散著詭異的紅光，一名佝僂老婦呆坐門口抽菸，吐出長長的菸圈。我看不清她的臉，卻也得以隱匿她的視線。另一邊的房門前，有輛窗戶半開的舊車，後座堆滿大量紙箱與生活用具，司機則趴在方向盤上呼呼大睡。每一張面孔，每一段故事，都顯得突兀怪異。路上的生活，人來人往，過客居多，從未真正地留住過誰，只記得邁開步履揚起的風，而風無聲掠過，我亦是座緘默的城。

隔天清晨，睡眼惺忪地將昨夜搬進房內的行李重新搬上車。一邊打著呵欠，一邊把房間鑰匙投進櫃檯旁的鐵盒。離開是如此容易，連聲再見都不用提及。

天剛明，薄霧輕飄路間，除去引擎的運轉聲，世界闃寂無語。不小心錯過接往高速公路的交流道，只得繞上數公里的山路。無所謂，誰都不該在早晨趕路，我們總要把自己活得從容，至少在一日初始，在旅程才正要展開之時。

轉過大彎，豁然開闊，一座巍峨大山無名無姓地現身路前。

晨光熹微，偶爾透出雲間，未能點亮大地，卻已照上山巔。車前車後，皆無人影，只有一座山、一條路、一個我，構成一場沒有預期，卻命中注定的相遇。將車靠邊停下，謹慎地走至馬路中央。無限延展的雙黃線，像能接往山岳，連向天邊，而我忤逆常規，跨越界線，在迥然相異的方向裡反覆來回，原來人生也宛如一場公路旅行，正在上演。

在日復一日的規循和沒有明天的糾結裡，我還是選擇了後者。

用盡全力，熱淚盈眶地奔赴，即便從不知道會迎向怎樣的結局，但我已把最好的日光、最好的年華，都留在路上。

催緊油門，加速朝北，傾盡氣力只為擺脫山火，然而野火蔓延造成的煙塵，還是緊緊跟隨，怎麼甩也甩不掉。

離開 Dunsmuir 後的的路程，沒有風景，只有被染成深紅的天空，逼得我屢次停靠路肩，確認地圖方向。明明自己應當是愈開愈遠，何以始終有股直奔火場的錯覺？幸好一切惶惑都隨著海拔提升，逐漸獲得改善。

重新望見晴空後，也順勢搖下車窗，自願風中凌亂，那總能讓我真切地感覺身處半途。收音機裡放著 Eddie Vedder 的民謠，儘管風聲呼嘯，教人聽不清他低沉老練的嗓音，但我早已將歌詞熟記，總能唱出為風掩蓋，缺失的字句。與此同時，我路過一整片大火焚燒後，徒留死寂的山林，也途經一座消亡的城鎮，如今只剩下旅館字樣的招牌兀自佇立。

目的地是火山口湖國家公園（Crater Lake National Park），這也是旅途裡隻身造訪的首座國家公園。當然，這並不值得說嘴，我卻備感自豪，就連售票大姐臉上燦爛的笑意，看來都像是鼓勵和讚譽。

Crater Lake 今日的壯麗，源於千年前的火山噴發，對人類而言像是災難，但以地球宏觀的角度看來，不過僅是世代交替間一場必要的爆發。雨雪日積月累，將大地的傷痕填成湖泊。陽光明媚的日子裡，湖水呈現心醉神迷的藍，只可惜對我而言，那是停留在旅遊指南裡的文字。實際上，我無緣親見湖泊全貌，更遑論令人心馳神往的藍。伴隨山火而起的煙霧，竟又一次地追上，遮蓋大半湖面。依稀間雖仍能見著湖水，倒也不禁惋嘆，一生也許一回的抵達，終究難以夙願得償。

雖然遺憾，我還是把車開往沿著 Crater Lake 而建的賞景公路 Rim Drive，意圖繞湖一周。

期間限定的道路，冬天會視雪況部分關閉，但在炎炎夏日，則能肆意散行，通往沿途高度、角度皆不同的觀景臺，多方領略湖泊之美。只是在這樣一個野火橫行的日子，無論哪個視角都無法看清水面，只能順著全長約 1.7 公里的 Cleetwood Cove Trail 一路下爬，那是整座公園裡唯一能貼近湖邊的步道。走下長坡，並不費力，回程的爬坡，才教人想來頭痛。

姑且不論這些，湖畔巨石裸露，唯一可供乘船前往湖中孤島——巫師島（Wizard Island）的碼頭，竟也為落石砸毀。我放下背包，走向湖邊，方才從觀景臺俯望，看來風平浪靜的湖泊，直到走近才發覺，原來疾風勁吹。

　　縮小了視野，放大了湖面，望不見邊緣，竟有幾瞬，錯將眼前看作汪洋一片。有位同樣獨自前來的年輕女孩，悄悄地脫下鞋履，步入水中。我原先有些擔憂，後來才明白她不過是想觸摸湖水，想起數週前在 Half Moon Bay 的遭遇與心境，霎時間，其實也能理解她的行為。

　　旅者身上，總有太多旁人投射的問號。
　　為什麼孤身旅行，為什麼漂泊不定，都無從答起，也懶得回應。

　　遠道而來，或許只是為了追尋片刻寧靜。如同 2020 年末，在自己的家鄉，我曾隻身露宿雨夜湖畔。那是回顧一整年，少數幾個老天爺恩賜，清靜亦平穩的時刻。傻里傻氣地相信 2021 會更好，卻在跨進新的年頭後，直墜深谷。但我常會想起那個冬雨不歇的夜晚，環顧四周，湖面無浪，萬籟俱寂。失去手機訊號的自己，無從聯繫，也無所謂。若要成為遼闊的風景，都得先學會令自身鎮靜。長大成人後，我也愈來愈能明白一座湖泊的存在。

　　繞到 Crater Lake 西側，這裡並無太多觀景處，多數遊人都在 Rim Drive 上加速行駛，飛馳而過。我則將車停下，散步至林間平臺，從這頭能望見另座獨島——幽靈船（Phantom Ship）。

　　據告示牌所述，這塊外觀近似船體的巨大石柱，是如今火山口裡暴露在外最為古老的遺留，歷史已有四十萬年之久。常為霧氣藏匿，鬼船因而有著陰森的名，悄寂地立處湖泊一角，不拋錨，也不遠航，在形成的那刻，便注定了它的留存。無法看清，也難以靠近，巨石並無可供船隻停靠之處，就算接近，塵埃般的生命也難以讀懂如此弘大的年歲。

　　車輛熄火後，森林裡復歸平寧，只留下視線裡的鬼船，與我無聲對視。
　　試著閉起雙眼，思緒一下子又返回那個湖畔的雨夜。我是多麼幸運，能把借來的平靜永存在心。雖說今晚不如當時，沒有計畫投宿湖畔，我還得開上兩小時的車朝山腳下的城市——梅德福（Medford）前進，這又是個獻給汽車旅館的長夜。

　　但 Crater Lake 已經賜予我一切，儘管無緣目睹全貌，和它傳說中無與倫比的藍。有朝一日，也許回來，或許不會，人生的路時長時短，我暫時沒有答案。再次睜開眼，鬼船已消失無影，隱身迷霧之中，但曾看過那樣的風景，縱然留有遺憾，某一部分的我其實也獲得了圓滿。

尋思間，數輛車倏地駛來，劃破來之不易的僻靜。

　　衣著華麗的大姐們你推我擠地步下車，交換眼神後，我便起身準備離開。剎那間，幾隻松鼠自樹叢跑出，靈活可愛的模樣，惹得她們驚呼連連。其中一位身著厚重外衣，看似已提前換季的大姐，情緒過於激動，一面用手機錄著影片，一面扯著嗓子朝松鼠大喊：「Go be wild and free, my little friends!」

　　聽聞此言，我停住步伐，遲疑了幾秒，然後止不住地微笑。

　　重新發動引擎，朝著空無一人的公路，繼續遠行。

隻身往森林去的感覺並不陌生，甚至還可以說，熟悉得令人安心。

畢竟過去這兩年，因為疫情關係，我慣於將自己藏進大自然，打著尋找靈感的名義，穿梭家鄉的不同地景。雖說最愛的始終是海洋，倒也頻頻走入山林，並非攀登百岳等級的路線，即便只是當日往返的山頭，還是讓人在盡享晨光之餘，煥然一新。

身處俄勒岡州（Oregon State）的森林裡，四周正下起瓢潑大雨，但過往的訓練使我步伐輕巧，戴起連身帽，悠哉地在雨中漫行。這是一座極其茂密的山林，雨勢再狂妄，也難抵蔥鬱綠意。聽著雨落的聲音，卻沒有太多濕漉的形跡，反倒讓林間此刻更顯詩意。這裡的賣點並非參天巨木，從它的地名──銀色瀑布（Silver Falls）便可見一斑。這是座以瀑布聞名的州立公園，而在陰雨連綿的日子前來，反而意外地合適。

森林裡的事物多半是緩慢的、悠揚的。樹木生長所跨越的時間維度，和花開葉落的進程，無論哀衿或歡愉，都顯得無聲且高雅。相較之下，瀑布則是全然對比。它是流動的、奔湧的，甚至有時還是喧雜的、暴烈的。若將溪水比擬旅程，那麼瀑布即是途中必經的轉折，這是山裡最為戲劇化，最富生命力的章節。也許聽來殘酷，但任何一個好故事，終究難逃墜落。

有些瀑布終年長存，然而有些瀑布卻會伴隨四時輪替、雨水多寡而短暫消失。大地見狀，不動聲色，走入森林的訪客亦不懷緬，都心知肚明，都只是時機問題。

而 Silver Falls 基本上是屬於前者，不分季節常存的風景。

公園面積廣大，當屬州內第一。若沿著規劃良好的 Trail of Ten Falls 步道前行，就能將沿途的十座瀑布盡覽眼底。但多數遊客都是為了南瀑布（South Falls）而來。不僅因為它的易達性，也因為上相的它看起來最為氣勢磅礡，理所應當地，便成為代表公園的旅遊名片。

　　有趣的是，Silver Falls 裡的許多棧道，都環繞瀑布建起。這樣一來，便能夠依循山徑，走至瀑布後方，進而給予觀者全新的視野。慣於自前方遠眺，原來從背後望出去也像另種世界，彷彿自己也化作流水，換上瀑布的視角與濾鏡，似乎就不再讓人恐懼跌落。不同人的生活，皆有不同下落，千姿百態的瀑布，說到頭來，都是時光的無端淌流。

　　盛名遠揚的瀑布著實壯觀，然而我不擅長數字，無從計量寬度與高度，但我懂得鑑賞，所以選擇躲進瀑布深處，找了張因為長期濕氣而腐朽的長椅，宛如坐進瀑布。失焦地，模糊地，水簾後任誰也看不透我，反而自在，像在顛沛流離的亂世裡，有幸尋得一處能將自己安放的角落。

　　造訪 Silver Falls 的日子，天色晦暗，大雨傾瀉。
　　沉甸甸的陰雲倘若鐵了心要沉鬱，地上的人亦無力阻止，只能學會適應。倒也無所謂，儘管不願承認，但誰都習慣了這段時間以來的壞天氣。任憑外頭落盡大雨，但內心終有步履，未曾消停，這就是此刻的我。

　　離開 South Falls 後，這一路上再無他人。愈往山裡去，雨也下得更縝密。
　　眼見雨勢片刻不得停歇，可能許多人因此打消續行之念，在欣賞完主要瀑布後便滿意地離去，讓此刻煙雨迷濛，本就幽靜的森林，顯得更加孤寂，似乎也襯映著心緒。一個人安安靜靜，本本分分地把腳下的路走得踏實，途中偶爾作停，就向樹木看齊，也向川流取經。

追逐夢想的人，總會在離開城市的燈紅酒綠後，步入森林。

　　森林孕育夢想，然而茁壯也帶來徬徨，但無論如何，我們終究是在這裡成長。學會扎根，把夢種下，卻又愛在長得還不夠高、不夠強壯之時，迫切渴望林外的世界。往往一陣雲霧襲來，便迷失自己；一股狂風吹進，就令自己連根拔起。

　　一晃眼，已行至另座瀑布，規模比南瀑布來得小巧，倒也風雅，是另種樣態。

　　潮濕的水氣浸軟著腳下的土地，自己的鞋子與背包也不知道在何時盡為泥土沾染。穿著潔白的球鞋走進雨天的山林，顯然是個錯誤的決定，但我只有這雙鞋，選擇了，踏上了，也就只能前行。至少 Silver Falls 的步道是個圓，我終歸能走出這裡。這片山林已替我擋去太多雨水，舒枝展葉後的自己都要離開庇蔭，往更遠的地方去。

　　迷離的雨霧，仍籠蓋遠方山頭。傘下的世界，依然大雨滂沱。

　　從未真正地淋濕，內心卻一片濕漉。有時也會好奇，究竟誰能風乾我，誰能拯救我？

　　答案如此明顯，卻視而不見。執迷不悟，總在奔走，反反覆覆地生活，周而復始地墜落。

波特蘭（Portland）應該是離開灣區後，真正意義上駛抵的首座大城。

身為俄勒岡州人口最多的都會，這裡的繁華也許不比北加州那般燦爛，但對於奔馳長遠路途，始終無法脫逃煙霧的旅者而言，也能算種喘息。

告別 Crater Lake，續沿 5 號公路北上，途經尤金（Eugene）後，路線便趨於徑直。少去彎繞，途中景致反倒變換劇烈。荒瘠的山嶺重新裹滿綠意，窗外的陰雨天氣和車內的歡快旋律顯得衝突，於是我順手換了歌單，正式向盛夏的加州告別。並不傷懷，我其實樂於把森林大火拋在後頭。同時間，用以偵測空氣品質的 App 亦發聲提示，響了整路的警報終告解除，眼下的路途都被標以代表空氣品質優良的綠色。

緊繃的心態不免舒緩許多，轉而想像起尚未到達的風景。旅行書是這樣介紹波特蘭的：自由之都、素食之都、腳踏車城市，擁有太多令人憧憬的稱號，無形中也拼湊起外地人對其的印象。它絕非西岸最耀眼的明珠，卻也更加貼近生活。總有許多人，本意路過，最終卻為它停駐，這一留，可能便是一輩子。

這的確是座教人一見鍾情的城市。

城郊的皮托克邸（Pittock Mansion）是座擁有百年歷史的文藝復興風格豪宅，也以其居高臨下的風景自豪。從公園向外俯瞰，城市的天際線毫不吝惜地鋪展眼前。若將視線放遠些，還能將州內最高峰——胡德山（Mt. Hood），以及著名的活火山——聖海倫山（Mt. St. Helens）一覽無遺。

我沒有遲疑，第一眼就喜歡上這座城，儘管還沒能踏進波特蘭的鬧區，不過是在轉下高速公路後，為著躲避尖峰時刻的擁擠車潮，臨時起意把車開上了山坡。

　　我並不預期自己會以這種方式愛上一座注定要在天亮後駛離的城。但話說回來,愛本就無關準則,難以定義,愛總有太多面向,太多形樣。選擇的當下再微渺,放上時間的長路,也都有著極其深遠的影響。只是多看一眼,便愛上;只是少踏一步,便錯過,而我暗自慶幸,在最對的時間點來到 Pittock Mansion。天光尚明,擁有最佳觀景角度的長椅仍有空位。不慌不忙地坐下,手中握緊的熱飲仍有餘溫,期盼能伴我從日暮看到夜落,直至最後。

　　一直以來,我都是個痴迷於夜景的人。

　　每回投入新的約會,都愛往城裡的高處去,登臨萬家燈火。儘管那些相遇都沒有迎向好的結局,共同看過的夜卻始終留存心底。一起見過的風景,往往比緣分來得長久。

　　有些夜景氣度恢宏,如同一首無聲的交響詩,觀者眼裡絢爛,心中卻是沉靜。有些夜景並不壯闊,只是微微光點,沿著道路走向點綴,卻也都是黑夜漫漫裡趕路人不滅的光,冥冥中勾勒出注定要走的路。

每座城市的夜晚都有其獨特模樣，即便是同座城，帶著相異心態、不同相伴，也都將顯露各種面貌。善於書寫的我，卻始終找不著精準的字句去描述夜景有多迷人，就像我遇不到一個對的人來繽紛彼此的一生。這麼多年來，身邊不再有陪我看夜景的人，大多時候，都是隻身佇立城市一隅，努力地在畫面裡捕捉燈火，儘管心裡明白，沒有一盞燈照亮我，歸於我。

　　雖說驀然回首，那人總在燈火闌珊處，但總在移動的我，眼裡只有長路，依然學不會回頭。

　　天色漸黑，所有在日光照耀下看來生硬的鋼筋水泥，入夜後都化作燈火溫煦。唯有此時，才感覺城市拋失了邊線。人車來往，都成了恍惚的影，此刻只剩兩個方向，離家或回家，至於無動於衷的，或許從來就沒有家。白天時一目了然的生活，反而教人眼花撩亂，總有一種清晰，僅在夜晚顯現。身處其中，我也不再是個初來乍到的旁觀者，此刻，誰都是波特蘭的夜。

　　長椅的另端，有對正在約會的年輕情侶。

　　男生身著帥氣皮衣，女生有著姣好身形，他們極富儀式感地把預先購買的晚餐鋪上布墊，鄭重其事，不敷衍馬虎。打開了飯盒，不急著品嘗，在天邊最後一抹餘暉淡去前，先給彼此獻上深刻的吻。我害怕自己成為影響他人談情說愛的電燈泡，便自覺地起身，把更好的風景獨留給他們享受。

　　而我，依然只能和汽車旅館談戀愛，單方面的那種。

　　貪圖便宜選擇的下榻處，同樣位於城郊，照理說應當可以沿著外環道直接前往，然而下山路上，導航卻迂迴地繞進市區，像是不捨得我就這樣一聲不吭地離開。

　　確實，我沒有太多時間探索這座城，天一亮又要出發，去往北邊的哥倫比亞河（Columbia River），再次重返大自然的懷抱。還有長路要走，仍有相遇等待，我不能太習慣回到一座城市，繁華似錦的感覺。街區霓虹閃爍，酒吧氣氛熱鬧，陌生的面孔都在狂歡，週五的夜晚總是比平常來得更長一些。我放慢速度，謹慎地駛過。明知道自己終要遠走，倘若還將痴心交付，愛，便成了豪賭，獎酬再高，都沒有勝算。

　　夜已深沉，我窩在破舊不堪的旅館裡。

　　房間裡悶熱得可以，空調像是擺飾，我不責怪，但就連狹小的窗戶都積滿灰塵，亦無法推開。房內的燈光過度刺眼，關掉卻又太暗，我找不到一種平衡可以明晰地看到自己，又不會感覺彷彿為一盞聚光燈照上，刺眼得不自在。浴室同樣狀況百出，馬桶總在沖水時發出怪聲，阻塞聽起來是遲早的事。床單一角有著大片暗紅色汙漬，我無從得知來歷，驚悚片也好，情愛片也罷，都已播畢，而我只能閃避。心態扭曲地蜷縮床上，電視機裡正放著911事件的二十週年紀錄片，淒厲的哭喊聲不間斷地傳出，我真不該看的，這夜晚已足夠折磨，何必讓自己再如樓塌般崩垮。

一時間的心情低潮，讓我順手拿起遙控器，關掉電視。黑壓壓的螢幕裡，映射著一個疲憊的身影。褪去衣衫，淋浴間的水柱不冷不熱，沒有溫度，無法將我洗淨，也沖不醒我。漫長的夜晚裡，無論站著，坐著，還是躺著，都顯得煎熬。

軟硬適中的枕頭是唯一欣慰，恰好能接住落寞的我。

腦海裡忽然浮現城市的夜景，卻教人分不清是否屬於波特蘭，抑或行旅生涯裡走過的任何一座城。這些片段也許源於不同時空，記載不同階段的我，此刻都逐漸消弭彼此的界線，相融一塊，令無依無助的我得以迎頭撲向。包裹其中，頓覺溫暖。原來旅行的人，寫下文字，也是為了能隨時回到故事裡，有時單純惦記，有時則能轉身逃進。

輕閉雙眼，與回憶纏綿，空落的房間一下子也變得擁擠。

這夜晚可能屬於任何人，除了我，不過只是門上一串數字的排列組合。

等到天亮了，床單凌亂了，我自然而然，就會走的。

Mountain ————————————— /\/\ #5

　一掃昨晚的陰霾，今天是個風和日暖的星期六。

　我不明白波特蘭居民假日的出遊習慣，但當我沿著景色秀麗的
Columbia Scenic Drive 行駛，遠遠地就能看見對岸的 84 號公路車潮洶湧，看
來大夥兒目的地相仿，都要前往名聞遐邇的哥倫比亞河谷風景區（Columbia
River Gorge）。

　顧名思義，哥倫比亞河是條風景優美的河流，同時也象徵著州與州的
界線。河的北邊是華盛頓州（Washington State），沿河而建的公路為早期修
築，僅有單一車道，也較為蜿蜒；相反地，河的南岸則是俄勒岡州，這側
的道路是高速公路，寬敞筆直，更能節省時間，因此多數車輛都行走於此。
兩條公路走向相同，坐擁景致各有千秋，不分勝負。因此來到此處的最佳
旅遊方案，便是繞走環線。這樣一來，兩條公路的風景皆能把握，也無需
循著來時路返程。至於我，則沿著順時鐘的方向，開上舊路，迎著徐徐微風，
朝信號岩（Beacon Rock）前進。

Beacon Rock 是座凸出河畔的巨石，形成於火山爆發，孤傲地矗立在河的北岸，遠看也像座雄偉大山，它同時也是世界上數一數二龐大的獨塊巨岩。Beacon Rock 海拔雖不高，僅有 258 公尺，若要通往頂端，卻寸步難行。直到一位名叫 Henry J. Biddle 的人，因為酷愛此地，便在 1915 年自籌經費，蓋起之字形的步道，才終於讓普羅大眾得以攀抵山巔，欣賞自頂端望出的風景。不僅如此，Biddle 的家人及後代奮力地倡議，最終促成 Beacon Rock 升格為州立公園。擁有更多資源與經費，才能永續地將前人的心意如實地傳承下去。

走過逶迤的步道，路幅並不寬，某些地方甚至看來搖搖欲墜，但總歸來說，心裡都是無比感恩的。前人鋪設的道路並未荒煙蔓草，仍為許多人維護、行走著。對旅者而言，築一條路，往世界去，朝內心去，並不稀奇，

那是旅人養成之必要課題。但像 Biddle 這樣，花費多年，只為蓋一條通往山頂的道路，便著實令人尊敬。路的尾端，不接往最崇高的山岳，也非最綺麗的風景，卻能串起不同年代的人，在同座山頭相遇。

朝河谷望去，陽光把平緩河面照得潋灩，我是否也與前人共享著一樣的畫面？或許不盡相同，但是攀登頂峰後，臉頰勾起的笑容，和那股油然而生的成就感，想必是未曾改變的。

結束 Beacon Rock 的簡易健行後，順著導航，我開上胡德河大橋（Hood River Bridge）極其狹窄的橋面。由鋼架築成的橋體橫跨河面，連接兩岸，只需要幾分鐘的功夫，便回到了俄勒岡州。

天氣正好，日光仍早，本打算朝南續行，繞去 Mt. Hood 的山腳，近距離欣賞峻嶺之美。但今晚的留宿地位處北邊，一來一往不但拉長車程時間，也擔心使得路途過於匆忙。細作考量後，只好做出取捨，折衷地開上橋旁的山丘，去往一處視野良好的高地，只為眺望遠方的 Mt. Hood。

由石牆砌成的觀景臺，坐落於碧綠青翠的山坡旁，向前瞭望，便是 Mt. Hood 漂亮又對稱的山形。這個夏天幾乎融光所有積雪，但在標高 3429 公尺的山巔，隱約仍能見著冰川遺留，不願撤退，宛如冬日頑強的記憶，滯留在山峰，像席強硬的宣言，沒有誰能真正地遠離。四時遞嬗，幾度寒暑，該回來的，都會回來。

這是成為背包客以來所見，早已數不清的第幾座山。

我未曾靠近 Mt. Hood，亦未登臨，只是這般遙望，無法想像站在山頂俯見之景該有多壯觀。或許有些峻嶺，有些高度，注定難以企及。對於即將步入而立之年的自己，也不再把這些未能如願的旅程視作遺憾，我反覆地練習著，說服著，讓人生每條未能踏上的岔路，都成為路過的風景，不再無盡地比較，亦不過度沉湎。

　　坐在牆上，迎著山風，我待了好久，久到忘了還得朝北去，久到連時間都要忘了我。

　　想起多年前，曾和媽媽一同看過的日本電影《日日是好日》。步調緩慢的影片，講述著茶道的修習，應當要「由形入心」，不能刻意思考下一步何以執行，而是要透過反覆地做著同樣的事情，令身體的記憶諳練，以便帶領自己。若將同樣道理放諸旅行，便不是單純追求抵達多麼美麗的風景，旅途的下一站不再是個問題，答案自會湧現，只需聽從內心的聲音，往真正想去的地方前去。然而旅人總是過於貪心，什麼都想擁有，反倒把什麼都捨棄，即便長年羈旅的行者亦然。把最珍貴的年華都奉獻路上，一不小心，全都變得漫長。

　　以前面對一座大山，總想著征服，遇上無法觸抵的風景，也會在心裡允諾，總有一天要回來。現在的我，已能試著看淡，泰然自若地與光陰對坐，晏然自得地與時光共遊。看著一座山，不再望著它的高聳，而是嚮往它的靜與穩。

　　沒有好強，沒有不甘，只願今後的日子，都能這般恬淡，寧靜而釋然。

駛過長路，本該綠意盎然的風景，轉瞬間，竟都化作荒寂。

離開 Columbia River Gorge 後，沿著無窮盡的公路北行，我的疲倦已逾臨界。

在岩堡石（Castle Rock）這座名字聽來氣勢宏偉，實則乏味至極的城鎮下了交流道。先是走進速食店，用張十元紙鈔換得一份滿是熱量、並不營養的炸雞套餐。吃飽喝足後，便換行 504 公路，改朝西邊前進。臨時起意更換方向，都是為旅遊指南裡的風景所誘使，目的地是在波特蘭曾有緣望見的火山——Mt. St. Helens。

　　始終穿梭林間的道路，在履過半小時後，逐漸變得寂寥。途經之地盡是荒涼，觸目所及的車輛亦三三兩兩，看來這並非多麼熱門的旅行路線，陽光和煦的日子裡，沒有人願意往火山去。

　　儘管 Mt. St. Helens 聽來溫和親切，像是鄰居家的芳名，然而蠢蠢欲動的它卻被地質勘探局視作美國火山群裡，最有可能再次動作的未爆彈。最近一次噴發，就發生在 1980 年 5 月 18 日。下回爆發時間無法預測，可能是千百年後誰都不在的那天，也說不準就是今天。

　　我無暇擔心，不間斷地趕路教人精疲力竭。把車停在一處空曠的觀景臺，遙望火山之餘也順便活絡筋骨。偌大的停車場裡並無他人，我像是火山翹首以盼的訪客，來了，就走不了。

　　看似近在眼前的 Mt. St. Helens，實際上仍有相當距離，但在綿亙不絕的山峰裡，卻教人能一眼認出。不比周遭蔥蔥鬱鬱的綠山，火山表面滿是灰白，甚至還與月球表面有些相似。了無生機、格格不入，卻又獨樹一幟，它終究是歷經了一場翻天覆地的改變。

　　時間不早，路程尚遠，於是我準備繼續上路。

　　但任憑鑰匙怎麼轉，本來好端端的車子就是發不動。內心霎時涼了半截，還沒等拋錨二字浮現腦際，先一步拿起手機確認。果不其然，這是個

偏離收訊服務的地區，更慘的是，沒有人知道我在這。所有掛心這趟公路旅行的人，都以為我正乖巧地朝北方開去，不會有人發現我一時興起，早已岔出主路，往偏遠的火山前進。

搖不下車窗，空氣便難以流通。車內悶熱難耐，我急促地呼吸著，有股恐慌正在蔓延，令人狂亂，激起心悸，儘管後照鏡裡的自己表面看來還相當冷靜。推開車門，走至路邊，希冀能攔到任何一臺過路車，這才驚恐地發現，公路竟是如此淒清。預想起最壞狀況，索性打開後車廂，盤點起剩餘的糧食，幸好幾天前才在超市補貨，果腹暫時不成問題。等待車輛經過的期間，我又嘗試發動引擎數回，卻始終毫無聲息，一如群山，噤聲不語。

逐漸地，恐懼變成荒謬。

我被困在一座隨時都能爆發的火山旁，往好處想，倘若真要毀滅，我比任何人都擁有更好的視野，堪稱頭等特席。我能拍到最清晰的畫面，只是無法分享，僅能自賞，但在被燒成粉末前，至少能看上幾眼壯觀的風景。

這也稱不上旅行生涯裡最無助的時刻。

數年前，曾因為日本北海道的強震，受困在混亂的機場裡，家鄉從來沒有如此遙遠過。也曾在泰國清邁碰上車禍，人無大礙，倒是存有行程資訊的手機被摔成廢鐵。旅行從來不是風平浪靜、相安無事的。至少此刻我還身處路旁，樂觀地堅信總會有人經過，及時雨般地伸出援手，為窘境捎來轉機，我總不可能永遠困在這裡。這樣去想，方才的過度擔憂也緩慢退去，呼吸重拾規律，流汗的手掌亦不再顫抖，連同大地在內，都恢復平息。

想起媽媽在行前的叮囑，我輕聲唸起佛語，再次轉動鑰匙，令人驚喜的是，這回車子成功地發動了。欣喜若狂的我本想就此打住，轉身下山，以防再出狀況，只會讓救援更顯困難。但火山就在眼前，幾番掙扎後，還是決定續朝大山深處開去。幸虧後來的路程也確實使人放心，沿途總有訊號覆蓋，更別說鄰近火山旁的大型遊客中心，停車場裡有著滿山滿谷的車輛，讓稍早的困境看來像場庸人自擾的鬧劇。

「*A forest is returning. Towering above, Mt. St. Helens slowly rebuilds. One day, the volcano will again unleash its power on a new forest. Nothing is permanent except the power of change.* （森林重新生長，聖海倫火山也緩慢重建。總有一天，火山會再次釋放力量。世界上沒有任何事，能比變化本身，來得永恆。）」

　　走上能眺望火山口的觀景臺，我認真地讀過展板的文字，像翻讀一頁優美的詩篇，描述著大地何以重拾生機，又該如何調適心態，面對終將告結的明天。

　　此刻的平寧從來無法預示未來，誰也不知道眼前的一切何時會覆滅，但倘若永遠擔心變化到來，生活便宛如走鋼索，戰戰兢兢，每一步既不穩健，亦走不遠，再多選擇也只是為了存活。變化總是好的，儘管有時來得劇烈又殘酷，轉眼間便奪去所有，倒也逼使我們不得不在改變中，重新分類、歸納自己。這些嘗試，不再僅是為著重新拼起過往的生活，同時間，也引領自己踏向未曾料想的範疇。誰也不願輕易改變，但不斷地重複以前，似乎也教人厭倦。

從茂密繁盛的綠意轉進荒蕪死寂的土地，我明白世界的形成和人生的組成，往往對峙著衝突的情緒。無法逃避，也無需逃避，不如就放寬心地擁抱情節高低。

　　一旁白髮蒼蒼的解說員也很喜歡這段話，反覆地叨念著。
　　年邁的他應該比我更懂得改變帶來的力量，但他並未傾囊相授，而是建議我在返程路上，繞去附近的冷水湖（Coldwater Lake）。天朗氣清的日子裡，山體映在湖面的倒影，會顯得格外清晰。

　　聽話的我，就這樣來到 Coldwater Lake 的湖畔。
　　時近向晚，天色漸暗，大地亦有感知，飛鳥不再翱翔，也帶走最後的音量。湖邊長椅，遊人漸散，依依不捨的，只剩下獨身的我，和一對相互依偎的情侶，正旁若無人地親吻愛撫。比起遠方的火山，他們的爆發，顯得更加迫在眉睫。

　　臨走前，再望一眼明鏡般的湖面，生命儘管在劫難逃，這不過又是平靜安詳的一天。
　　舊時瘡疤還未痊癒，新的錯誤已不停積累。血液在大地下靜默流淌，宛若紅色的河，尚未遇到突破的可能，但改變，始終在發生。

奧林匹克國家公園（Olympic National Park）可能是整趟公路旅行裡，原先最不期待的地方，卻在事後意外地成為難忘的回憶。

這就是旅行，即便揹起背包行路多年，依然會為途中無可預測的美好感到驚奇。出發前，努力提醒自己，做個不抱有期待的人。面對一趟距離綿長的旅程，本就難以預知前程，只能持續地移動著，至於其他的，就交由冥冥中的旅行之神去編寫安排。

身為世界自然遺產的 Olympic National Park，可想而知，有著壯闊無比的風貌。

問題就出在它的面積實在太大，幾乎囊括整座奧林匹克半島，包攬海濱、溫帶雨林、雪山三大自然景觀帶。只有一天時間的我，不可能貪心地看遍所有景致，走過所有時節。左思右想後，便將最熱門的颶風嶺（Hurricane Ridge）視為主要目標，那是一處能綜覽奧林匹克山脈的觀景點。倘若天候良好，應能望見巍峨高峰，群山相連。那般風景，常聽聞網友們冠以「諸神國度（God's Country）」之美譽。

　　但當我駛過公園售票處，沿著山道逐步攀升後，卻錯愕地駛進白霧一片。放眼望去，別說遠方的山，就連路標都難以辨認。調亮大燈，減緩速度，車裡的音樂仍歡樂地播放著，而我卻在到達終點前便已意志消沉。遠道而來，僅有一日時限的我，難道注定將與風景擦肩而過嗎？

　　抵達公園前，耗費四小時的車程裡，我駛盡 5 號公路，在奧林匹亞（Olympia）拐了個大彎，改行 101 號北上。途經許多無名的漁港，規模不大，只有幾棟緊依海灣建起的樓房。我不好奇它們的姓名，而是想著原來生活可以如此貼近海洋。陰晴不定的天空下，偶爾有些樹葉為雨打散，飛落窗前，我卻沒有為任何一次凌亂停下腳步，全力地開著，期盼能遵照表訂的時間駛抵山頭。但當我如約抵達想去的地方後，為何反倒迎頭撞進迷霧？

　　很多年前，在網路仍風靡無名小站的年代，那時我不過是個單純的國中生。

朋友不多，興趣不多。身為乖乖牌的我，習慣將存起的零用錢拿去購書，透過閱讀別人的故事，幻想一個能依靠寫作生活的我。從不知道未來會變成什麼模樣，倒也不擔心受怕。期待長大，盼著能自在出發的那天。

　　網站頁面上，同學們總愛三天兩頭地對著友情愛情大作文章，而我的文章則顯得格式不同，題材亦不同。比起談論別人的八卦，更樂於記錄自己平淡無奇，卻懂得藉由觀察，進而發掘不凡的日子。青澀的文筆，記載青澀的歲月，雖說擁有競賽絕緣體質的我，從來不是什麼徵文活動的常勝軍，卻還是喜歡投稿，也曾找到當時崇拜的作家頁面，主動地留言提問。直到某天，驚喜地收到本人回應：「寫作最重要的，就是將自己內心的想法如實傳達。」

　　短短一句話，我記了一輩子。

　　後來，也曾鼓起勇氣參加偶像的簽書會。留有親筆簽名的書籍日漸泛黃，但我仍會不時地翻閱，重溫當年，直到自己也成為一名作家。

　　無名小站關閉的那刻，像是一個時代的告終。愚笨如我，因為忘記將站內珍貴的照片移出存檔，青春歲月自此缺失了大塊。但回憶仍有留存，而我未曾捨棄，直至今日，當然也不能因為頂端的風光不如預期，便忽視一路以來的愛好與努力，至少我仍在前進，至少我還沒放棄。

重整精神，將車停下後，便偷偷跟隨幾位裝備齊全，看似經驗老到的登山客，朝棧道走去。

　　從遊客中心出發的健行路線，規劃良好，環形的設計，也能讓人在不走回頭路的前提之下，將最多風景收入眼底。舉目所見，雲霧迷離，走在前方的登山客們卻依舊談笑風生，與沮喪的我形成強烈對比。彷彿這般花白慘淡的風景並不教人失望，好像登山過程裡，是否居高臨下地眺望，也沒有想像中來得重要。

　　走累了，便停下來稍作休息。再次起身，卻不慎將胡亂塞進口袋裡的手機遺落，也未察覺。直到後方熱心的大叔替我撿起歸還，才連忙道謝。

　　「你一定有很多珍貴的照片在裡頭，別再弄丟了！」他語氣親切地提醒著。

　　我羞赧地點頭，差點又犯下如同當年的錯。正準備轉身自高點返回時，濃霧也逐漸散去。

　　還無法遍覽整座山嶺，但確實已能瞥見部分森林。不遠處，有座每逢冬天能充當滑雪基地的木屋，連同來時駛過的道路，逐一映現。儘管視野裡多數仍為白茫占據，但我亦學會將目光聚焦，不慌不忙，就像事情總有輕重緩急，一幅美景的重映，自然也有其先後順序。坐上棧道旁的長椅，等待之餘，大口做起深呼吸，不請自來的煩擾亦隨之遁離。忽然間，有隻野鹿自樹叢間躍出，互相對望，都不驚訝。猛然一看，也許是牠貿然闖進，實際上，是我無端打擾。迷路的不是鹿，而是我。

　　山谷漸明，微光輕泛，偶爾露出原樣，始終不是全面的。

　　每當一處地方被點亮，就有另一處為霧氣遮掩，終究無法一覽全貌。或許是我走的路還不夠多，爬的坡還不夠高。但又有誰能保證，拚命地攀高，就能看到更遼闊、更豔麗的風景？

職涯至此，我已厭倦登高望遠。創作路上，曾以為自己是個冒險犯難的登山客，絞盡腦汁推陳出新，便能不斷上爬。不察覺間，才發現自己更像生產線上的製品，費盡心思，還是只能水平地推移。人寫的文字變成產品，寫文字的人亦成為商品，雖談不上滯銷，但賞味期限亦不遠矣。

下山後，驚喜地發現方才籠罩停車場的雲霧已然散盡。

天色晴朗裡，層巒疊嶂，綿延不絕。諸神國度展露無遺，這是平凡如我永遠無法讀懂的風景。眼前的畫面，究竟是老天恩賜的幸運，抑或是得來不易的努力，似乎也都不再那麼糾結。

停下腳步，我默默地掉起淚來。說不明白，無端滾落的淚珠究竟代表何等含義，但我很慶幸，這些難以言明、始終起伏的情緒，終於在此刻尋得出口，而我也很樂意，能在廣闊的天地面前暫時坦露自己。

不用做個太堅強的人，反而使我成為真正勇敢的人。

　　離開 Hurricane Ridge 後，趁著天色猶亮，我繞往國家公園的另處景點 ——新月湖（Lake Crescent）。原先打算在湖泊南岸的 Lake Crescent Lodge 或北邊的 Log Cabin Resort 住上一晚，但或許是旅遊旺季的緣故，比鄰湖畔的營地早已訂滿。計畫被打亂，只得住到三十公里外的城市——安吉里斯港（Port Angeles）。車程時間雖然不長，但無法在一早清醒之際便推開木屋窗門，走近湖邊，走進寧靜，實屬可惜。

　　從湖的北面出發，有條很長的棧道，據說是往昔鐵道餘留的軌跡。我將車停在附近，衣著輕便地沿著步道出行，原以為幾步路的距離便能貼近湖面，棧道卻反常地朝山林深處延前。雖然遲疑，倒也不心慌，太多經驗已然教會自己，在抵達真正的遼闊之前，難免有些曲折迂迴。

　　時序方入九月，夏天應當沒有走遠，林間卻已瀰漫秋日氣息。
　　樹葉悄無聲息地換色，吹進山林的風也捎來涼意。我將外衣拉緊，步伐輕快地走過落葉紛飛的小徑，並非出於焦慮或著急，只是好像前方有誰正等著我那般地盼望與期待。不過等待我的不是一個人，而是座隱身山中的湖泊。

　　走過暗暝的山洞，盡頭的光裡便是湖泊的身影。柔風吹起水面浮皺，卻沒有為湖面帶來太多煩擾，一切仍顯平靜，教人凝神屏息。一對乘著獨木舟的情侶自面前悠悠划過，還不忘向我點頭致意，我也禮貌性地回敬，轉移視線後，都把自己重新活進眼前的風景。

　　傍晚時分，日光漸短，身影漸長，我坐上一顆僅需微傾身子便能碰觸湖水的岩石，輕柔地撫摸湖面。與風不同，湖水並不清冽，我試圖用雙手盛起水，卻留不住寶石般色澤的藍。我已經用最誠懇的態度走進大自然，卻依舊無法帶走任何一分絢彩。走了很遠很長的路，彷彿只是為了見證四時流轉。送走盛夏，迎來初秋，冬日雖遠，倘若真要來赴了，屆時也得把自己送走。儘管如此，為著湖泊而來的我，依然拾獲了一段寧靜致遠的時光，將其慎重地收藏，就像會永遠記得那樣。

離開國家公園後，我趕往 Port Angeles 的港口。

日暮時分逼近，我並非唯一朝夕陽奔去的車輛。大夥兒頗有默契地，行駛在埃迪茲沙嘴（Ediz Hook）狹長的道路上。與其說它是條路，倒不如說是座堤防，無形中也保護起這座北緯 48 度的海港。換上行囊裡最厚重的外套，仍舊抵擋不了外頭風寒，畢竟此處正是整趟旅行所抵的極北端。若將視線北望，越過海峽，不遠處若隱若現的陸地，便是加拿大，是我還未曾踏上的遠方。然而此刻，我也身處國境，憑著一趟不是多偉大的旅程，看著遼闊結束，迎向另種遼闊的開始。

比起 Lake Crescent 湖畔的微風輕拂，Ediz Hook 的風是瘋狂的。

終究這是片海洋，它所包容的情緒及故事，都遠大於一座湖泊所能載藏。自疫情發生以來，我努力將自己活成湖泊，只為將所有龐雜的心思都撫平、沉澱，可我終究是道海浪，需要走向一片海洋。佇足陸地邊緣，狂風紛亂，我的步伐或許足夠遠長，卻依然難以站穩，亦分不清當下屬於終點抑或起點，但我還是很開心，自己有緣來到這裡。

夏令時分的夕陽來得特別晚，彷彿帶有留戀那般，不願揮別大地。

當等待已久的時刻到來，轉瞬間便令放眼所及的事物染成金黃。遠處的大山、港邊的工廠、離航的貨船、堅固的堤防，都沐浴漫天絢爛。一旁的海灘，儘管正為強風蹂躪，依舊有對情侶牽著家犬，悠閒地在灘岸來回散步，沒有一定要去哪，反倒把時光走得踏實。心裡有些羨慕，卻不知道為何羨慕。也許是安穩的生活，也許是欣羨眼前如此盛大的夕陽竟是他們的日常。我有溢滿胸臆的心緒，卻無以訴說，慶幸 Ediz Hook 的浪潮特別大，頃刻便捲走所有庸人自擾的憂傷。

眼底暮色漸濃，思緒則先一步規劃起這個夜晚。

當務之急，得到汽車旅館辦理入住。房間可以簡陋，至少希望配有微波爐，這樣一來，便能將車裡吃剩的牛排口味 pizza 當作簡易晚餐。回程路上還得順便去趟平價超市，數天沒有吃到水果的自己都快要消化不良。

思量推敲著各種瑣碎小事，卻不教人心煩，能在最奢侈的風景前，想著最平實的事。真正的旅行，從來不是雍容華貴，而是稀鬆平常。

在這個未曾想過到達的北方港口，回想飛越萬餘公里才得以橫渡的海洋，走過這麼多年的背包客生涯後，我心裡有數，旅行隨時都會結束，再美好，也如同此刻將要隱沒的落陽。但有些事情，不會隨著時間消逝，而是化作一種難以言喻的感動。也許我還無法將其融入身體，至少都先裝進背包，一肩扛起。總有一天，它會變成我的重量，只盼那時的我，還鍥而不捨地行在路上。

　　日落不久後，黑夜就要來到，漂流的人們，都是時候要歸航。

　　把所有遺憾都託付給天邊緋紅的晚霞，希冀在某個遠方，有個誰能替我抵達。

　　一盞盞路燈漸次亮起，來時路依舊遙遠，卻也不再那麼漫長。

　　不知道在派克市場（Pike Place Market）為了一碗其實隨處可見的巧達濃湯大排長龍，是不是個正確的決定，但我知道在夏末秋初之際，抵達期盼已久的西雅圖（Seattle），絕對是個好主意，畢竟這是座以陰雨聞名的城市。也許是幸運之神眷顧，當我在開往西雅圖的公路全速前進時，便已望見碧藍明淨的天空。還沒有抵達，也來不及欣喜，但已忍不住地，將心交出去。

　　回過神來，我已經迷失在市場裡摩肩接踵的人群中。

　　這座全美歷史最為悠長的農販市場，如今堪比城市發展的縮影。各級餐館林立，攤商陳列的生鮮食品豐富多樣，目不暇給之際，我還是緊隨人潮往濃湯的方向走去。儘管那碗新英格蘭風味的巧達湯要價不菲，但味道著實濃郁，搭配甫出爐的龍蝦三明治，也成唇齒留香的美味。雖說駑鈍如我，總認為西岸的巧達湯喝起來都是同種感覺，真正使味蕾產生差異的，反倒是品嘗時的心境，而身處陽光明媚的西雅圖，怎能教人不歡喜？

走進市場底層的波斯特巷（Poster Lane），便能見著惡名昭彰的口香糖牆，在疫情期間，簡直堪比病毒的大本營。在嘔吐之前，我趕緊往另處慕名許久的店家前去，那便是全球首間星巴克。外觀看來並不特別，卻仍保留初創時期的 logo 圖像。誰會想到，一杯熱騰騰的咖啡，竟能從小小的店舖走向全球，征服世界。我毫不猶豫地加入店門口前排起的綿長人龍，刺眼陽光也不作遲疑地照上我。臉頰熱呼呼的，盼著能盡快輪到自己，排在前方的男子卻忽然回過頭來，熱情地與我聊起天。

　　「你從哪裡來的？」
　　「加州。」
　　雖說把舅舅家借來作為故鄉有些罪惡感，但嚴格來說，這答案也稱不上漫天大謊。
　　「真是湊巧，我也來自加州！只是明天下午就要搭飛機返程。」

　　名叫 Nick 的他，身著深藍針織衣，有著漂亮又深邃的雙眸。
　　簡單幾句對話，便能察覺亦是位喜愛旅行的大男孩。他在西雅圖的旅程相當閒散，沒有特別標的，每天漫遊碼頭邊，偶爾找間看來順眼的餐館來頓早午餐。當我問起此行留下的遺憾，他卻眉頭緊鎖，臉色一沉地說道：
　　「這次沒有機會，但我非常想去雷尼爾山國家公園（Mt. Rainier National Park）。」

聽聞山名，內心猛然一驚，那恰好就是明天的目的地。

Mt. Rainier 是那種僅憑一眼印象，便決意奔往的地方。原因不明，或許是因為它震懾人心的美，也可能因為身邊人都未曾親臨，更加深我對於這座雪山的興趣。Nick 在聽聞我的旅行構想後，表情變得複雜，羨慕的目光投射給我，失望的神情留給他自己。我出聲保證會拍攝大量照片，在迅速交換聯絡資訊後，便各自沉迷於創始店五花八門的紀念品裡，誰都忘了道別。

在西雅圖停留的一天，我擔任起稱職的觀光客，聽從旅遊指南的建議，參觀了許多著名景點，其中當然也包括城市地標──太空針塔（Space Needle）。

日光尚明，不急於登頂，於是我隨興地晃進鄰近的公園。在這樣一座雲雨頻繁的城市裡，許多人和我一樣，不願虛度難得的晴好，便坐上圍繞國際噴泉（International Fountain）周遭設立的木椅，悠然自得，把身子與時光都曬得暖洋洋。

水池中央，有兩位正值花樣年華的少女，不害臊地玩著躲水的遊戲。規則相當簡單，連我這個旁觀者都能一眼明瞭，便是把握噴泉轉換方向的空檔衝往中央，再趁著水柱轉回來前，箭步逃離。說來容易，但噴泉轉速不慢，幸好她們技術高超，腳程飛快，玩了半天也沒能淋濕。被眾人注視，她們倒不覺扭捏，沉浸在歡聲笑語裡。自娛自樂，是最低成本、最高效益的遊戲。而我如此懷念，倘若站在圓圈中心的是自己，也許不會閃躲。年幼時，我曾如此熱愛淋雨，長大後，卻總是苦等雨停。

　　緬懷亦非壞事，那代表在曾經走過、無法回首的年歲裡，仍有回憶繾綣。偶爾提及，也無法貼近，有時模糊地像是不存在於視線可及的距離裡，有時卻清晰得令人難以忘記。就像從高塔遙望的 Mt. Rainier，隱身城市天際線後，虛幻又不真實。我偷偷地在內心許下想望，期盼明天也能是個萬里無雲的好天氣。

離開西雅圖之前，還有件要緊事。

即便從未完整看過《西雅圖夜未眠（Sleepless in Seattle）》這部經典名作，或多或少，電影也在人們心底留下關於當地夜景的美妙印象。向晚已近，天空澄澈，可以想見華燈初上的夜會有多麼迷人。於是我順著市區道路，爬過長坡，汗流浹背之際，終於抵達旅人口耳相傳的賞景處——凱莉公園（Kerry Park）。

我來得不算早，倒也不遲，正逢天色輪換，自輕淺到濃豔，不過剎那間。城市燈火，錯落有致，在眼前逐一點亮，沒有預演，都是慣常。日光漸滅，天空深陷一股深不可測的鈷藍，卻僅是短暫存在，在遁入黑夜之前，大地也曾擁有所有色彩。

過於絢爛的夜景，坐上整晚都看不完，亮起燈後的 Space Needle 挺拔依舊，仍是目光焦點。回頭一看，公園的草地竟在不覺間排起長隊，有位白髮蒼蒼的大叔正盛情地吆喝著。身為天文愛好者的他，早已將專業的大型望遠鏡架設完畢，邀請眾人在皓月當空的夜裡，望向更浩瀚的距離。

緊瞇著眼，謹慎地瞧進狹小的觀景窗，月球就近在眼前，彷彿那些以光年為計的單位，都被省略。無從細數的隕石坑，是遙遙又巨大的傷痂，如此赤裸，永遠都癒合不了，卻還是替眾生放著光。城裡的我只記得它的光亮，卻忽視它身上自帶的傷，而我知道終其一生，它都會掛在我的天上。無法反饋什麼，但每個夜晚，仍有它為我照亮。

　　夜幕深垂，搭上捷運，反向地朝城郊出發。
　　路前沒有誰在等著，只有旅程至此，不可勝數的旅館。大多時候，我都無意識地將行李搬進搬出。櫃檯人員的面孔和房內的家具擺設，想來都是含糊，不值銘記，亦無法脫離。仍在半途的我，究竟還有多少這樣的夜等著？

　　時候已經不早，明亮的車廂空落無人，熟練地把自己藏進末排座位，身子緊依推不開的窗。戴起耳機，卻猶疑起該選擇哪首歌，才能詮釋此刻心境。列車倒是果決，逆著市區的方向，不眷戀地準時出發。我沒有回頭，也沒有告別，我無法帶走西雅圖的任何繁華，但我帶走了一些月亮。
　　而在今晚，它們使我有些想家。

Mountain ———————————— △△ #10

一如往常地，我站上棧道起點。

昂首瞻望，卻難以用自身的浩渺丈量大山的雄壯。

這將會是公路旅行裡，隻身攀爬的最後一座山。

標高 4392 公尺的 Mt. Rainier，有著極其壯觀的山勢，亦為美國本土的
第五高峰。朝其駛近的路程裡，遠遠就能望見它俊美魁岸的身影，我卻沒
有停下拍照，而是一路開往名為天堂（Paradise）的區域。根據氣象預報，
此刻窗外豔陽高照的天氣將在午後轉陰，降起大雨，因此我想把握這尚好
的晨光，直奔山上。

儘管特意提早出發，抵達 Paradise 時，停車場仍一位難求。心裡倒是有了底，看來今天這趟路程會有許多山友相伴。從遊客中心出發的棧道選擇多樣，但公園裡的職員則有著不變的標準答案──天際線棧道（Skyline Trail），據稱是能在最短時間內，盡覽風光的精華路線。然而山徑崎嶇，並不好行，多數路段均為坑坑窪窪的石子路，再加上缺乏明顯的指標導引，也易於錯失方向。幸好同行的登山客不少，況且此刻天色晴朗，美景當頭也令人忘卻登坡的疲憊與辛勞。

　　隨著海拔高度提升，步道也愈趨貼近終年不化的冰川。
　　自山頭吹下的風迎面而來，寒氣逼人，夏日般明豔的陽光原來只是種假象。怪不得工作人員發放的地圖裡特別註記著，若要攀登高過 Skyline Trail 的高度，必須配有專業的登山裝備，倘若沒有事先準備，貿然登山，Paradise 極有可能變成地獄般的惡夢。

爬過半途時，始終走在前方的大叔忽然停下腳步，並且提醒大家回頭。
順著他的視線望去，並未察覺任何奇特之處。然而幾秒鐘後，邊坡上
的大塊冰川竟倏地滑落，發出震天巨響，隨後粉身碎骨。一時之間，我竟
無法辨明這是順其自然的現象，還是暖化導致的異象，我沉浸在目睹冰川
崩落的震撼裡，久久回不了神。

「我只是聽到了大自然的聲音。」

眾人對於大叔能提早預知冰川的崩解嘖嘖稱奇，他卻沒有多說什麼，只是這般帥氣地解釋，便轉身繼續向前。我暗自揣度，他或許是位身經百戰的登山家，才得以聽聞我們並未留意的聲響。在巨大的事物墜落之前，一定有其跡象，但我們總是注意著眼下的路還有多長，景有多美，而忘了在身後，以為堅不可摧的風景，亦能在轉瞬間化作烏有。

　　我呆立原地，愣怔良久，直至其他人都離開，才意識到自己被落下。

　　突如其來的意外也許是無數時節的積累，發生不過短暫數秒，卻震盪心間，今時今日仍歷歷在目。我以為Mt. Rainier永遠是那般堅忍不拔的形象，卻未曾預想留給我的，竟是脆弱的模樣，彷彿大山剝去了心裡的一塊，赤誠地與我分享。我雖然愛莫能助，甚至還可能是加害者，倒也願意剖開自己，讓它看見一個旅人刻意隱藏的思緒裡，那些以堅毅為名的掙扎。

　　棧道彷彿無盡，而我始終遍尋不著制高點，隨著登山隊伍來到一處平坦地，見著大夥兒熟練地卸下行囊，這裡應當就是地圖標示的觀景點（Panorama Point）。

　　極目遠眺，群山顯現，包括 Mt. Saint. Helens 和 Mt. Hood。儘管距離遙遠，它們依然存在 Mt. Rainier 的視野裡。今天踏出的每一步，都由過去的自己鋪墊而成，原來我爬的從來不僅是一座山，在每座山頭，也蘊含過往的記憶。

　　閒坐小憩之餘，幾隻可愛的松鼠正在身邊兜圈，目光如渴，期待我施捨嘴裡用以補充體力的能量棒。同時間，本還晴朗的天空悄然轉變，雲團緩慢堆聚，山風也略有不同，像在預告著什麼。於是我趕緊起身，把握良辰下山，以免在寒冷的山間遭逢惡劣至極的天候。

　　途中遇見數塊面積龐大的冰川，裸露岩石間，一派沉寂。

　　在零度線上移的夏季，它們是被拋下的遺留物，了無生機，不再潔白，混雜著碎石，亦浸染泥土氣息。走近試圖撫摸，才發覺那樣的冰並不沁人，而是刺骨，恍若帶有怨言，似乎在最燦爛的時節墜落，難以明白自己何以崩解。但再多憤懣，終究會化成水，流往山下，點燃山腳的生機。待春天到來，綠樹繁花，漫山遍野，大地如詩如畫，據說那是 Paradise 最接近天堂的模樣。只可惜無緣親見，所以我試著拼湊想像，也將盼望種下，同樣期待來年的春陽，能令它發芽茁壯。

　　走至棧道終點，路過可供遊人住宿用餐，在旺季一床難求的天堂旅舍（Paradise Inn），頭頂的天空已全為陰雲占據。我用長達五小時的前行，卻在出發時便將最美好的風景看盡，後來的旅程，只是不斷地看著景致退去。

說來感懷，但我依然在離開前，繞去鄰近的倒影湖（Reflection Lake）。天候宜人的日子裡，能在平靜的湖面望見山體倒影，這裡亦成為攝影師們的心頭愛好。然而此刻，大風不止，波紋紊亂，湖畔無人駐足，這便不過是座平庸的湖。倘若無法藉由它去看見更美麗的事物，人們便對其失去興趣，不願多作停留。

　　湖泊是哀傷的，我亦然。靜坐一旁，難以在水面看見完好的倒影，反而在漣漪泛起裡找到片段的自己。就如同這些年來關注的眼神，終究只能捕捉部分的我，也許在講臺前口沫橫飛，也許在書本背後手不停揮，也許剛強，也許懦弱，也許冷靜，也許激動。我一直在尋找一個人，能包容完整的我，卻發現原來就連自己，都無法看盡自己。為了追求平靜，為了隔絕紛擾，便將生活築起高牆，在難以走進亦無法出離的空間裡填塞回憶，苦樂交集。像場孤獨的嘉年華會，外人看來熱鬧，只有自己才懂真貌。

　　煙雨氤氳，擾亂湖面，水波晃盪裡，我更看不清了。
　　但雙腿的脹痛，和後背積蘊的汗水，在在都默示著旅者曾走過的長路。
　　滑起手機，發覺昨日在星巴克門口巧遇的 Nick，已經順利地搭乘飛機返回加州。他的限時動態裡有張照片，那是自高空俯望的 Mt. Rainier。Nick 雖然離它遙遠，卻反而看透它的壯闊，而身處其中的我，則陷入層層迷霧。他以為錯過的，其實是我想見的，但他卻嚮往此刻的我。生活有時矛盾又諷刺，終究沒有誰能夠擁有無懈可擊、盡善盡美的視角。就連 Mt. Rainier 也一樣，我心羨它的靜，它欽慕我的動，我們卻也共享著同樣的偽裝，同樣的怯弱。

　　我會一直記得爬過的這座山，即便從未真正地越過山峰。
　　總在攀抵高處時，仰頭發現仍有更為高聳的前方等著我。年少時的不服氣，迫使自己接連發起進攻。然而旅程至此，有時也不免思考起，坦然回首，不再逐高的可能。

陰沉的天空，像潑盡濃墨，不知不覺間，大山已無聲地在雲裡隱去。

拖著腫脹的雙腿，快步地奔回車上，只為躲避一場積蓄許久的雨，那是任憑雨刷作動，亦無法抹去的傾落。窗外視線茫然，我不願在滂沱裡趕路，便索性將椅背後仰，播起音樂，等待雨停。

依稀朦朧間，似乎也有條公路在腦海裡延展，熟悉的形樣，餘熱的記憶，那是不過幾週前的另一趟旅行。回憶湧現，如雨般灌進思緒，而我無法攔阻，也無意抗拒，等到意識過來，已經回到那片荒蕪的沙漠裡。

CHAPTER 3

Desert

荒 漠

　　很顯然地，開車去拉斯維加斯（Las Vegas）並不是個好主意。

　　旅行指南和網路資訊總以過來人的身分，不厭其煩地提醒眾人，你不需要花上四、五個小時，在逃脫洛杉磯（Los Angeles）聲名狼藉的塞車夢魘後，轉身駛往 15 號公路，加速穿越一片百無聊賴的荒原。沿途景致，不值多提，像部拖戲的電影，徒有開頭吸引，接下來的片段荒涼又死寂，了無新意。色調單一的土黃大地上，偶爾能瞥見幾株約書亞樹，那是無邊無涯的貧瘠裡，老天賜予的唯一綠意。駛過那些催緊油門都顯得吃力的長坡，要是打開車窗，包準先吃上滿臉沙。與此同時，身旁逼近一臺比一臺巨大的卡車，不問意願，便打算在冗長的路程裡與你排列組合。

　　相反地，若選擇搭乘飛機，從洛城僅需四十分鐘就能飛抵沙漠中的繁華。多出來的時間，可以悠哉地潛進飯店的泳池，或在街上走走，甚至看場日間的秀。不論怎麼說，都比灰頭土臉來得好上許多。

　　即便如此，我卻依舊奔馳在 15 號公路，只不過目的地並非 Vegas，而是途中必會經過，卻常常錯過的著名鬼鎮——卡利哥（Calico）。

　　說是鬼鎮，倒也並非以凶殺案或未解謎案著稱的小鎮。當然，歷史悠久的地方，沒人能保證無鬼，但至少抵達時，室外飆破攝氏 35 度的高溫，我相信就連靈體也無意在外鬼混。

　　被冠以鬼鎮之名，源於小鎮的沒落。

　　據文獻記載，百餘年前，這是座盛產銀礦的城鎮，隨著資源開採殆盡，銀價發生崩跌，曾經的風華也只能被封存。小鎮的命運，似乎注定在各種幸運與不幸間擺盪。顛峰時期，鎮裡有將近 1200 名居民，直到 1981 年，已經不滿 10 人。人去樓空後，徒留建築清冷，在當地乾燥少雨的氣候中被完好保存。今時今日所見，多半為修葺一新的模樣。Calico 的名氣說大不大，說小不小，偶爾有些途經沙漠公路的遊客順道來訪，也僅是短暫地停步。

　　儘管小鎮設有露營場域，卻鮮少有人在此過夜。即便替 Calico 塗脂抹粉，改頭換貌，加上各種娛樂活動，到了夜晚，依然難以擺脫鬼鎮的宿命。

　　說句實話，我並不喜歡 Calico 流露的商業化氣息。

　　紀念品店裡的員工雖然客氣，陳列的商品卻雜亂無序。架上有著 66 號傳奇公路的劣質徽章，有斑駁毀損的黑膠唱片，有真假難辨的銀製首飾。東西雖多，卻教人提不起勁。一個過往時代的韶華，呈現出來的樣貌竟是七拼八湊，無比廉價的。換個場景，在一座可供參觀的銀礦洞穴裡，儘管保留原樣，走的也確實是工人們走過的路，但當我望向牆上價目表裡，寫來潦草，各種稀奇古怪的體驗項目，還是忍不住眉頭一皺。

　　坐在洞口的中年婦女，像個恪盡職守的機器人。只要有遊客推門進入，便會面無表情，正眼不瞧地複誦起固定的話語：「進入洞穴參觀，五塊。角落的牛仔雕像，若你給他一塊，他會為你演奏一首快樂的歌。」

遊人來來去去，幾乎都為了探洞而來，而我躲在一旁等待，總算找到空檔與她閒聊，企圖打聽更多關於小鎮的軼事。

　　「所以，小鎮會下雨嗎？」

　　「這是個很好的問題，出乎意料地，會的。Calico 雖然乾燥，其實就在上個月，才降下長達一週的雨。不過我很討厭下雨，因為不會帶來涼爽，反而讓空氣黏呼呼的，更不舒服。」

　　她一面說著，一面揮舞手中的破扇，即使頭頂的風扇嗡嗡不絕地運轉著，即使洞裡不斷送來冷風，似乎有股酷熱是她所揮之不去的。她大可轉身就走，卻不願離開。她告訴我，自己就住在鄰近城鎮，鎮上為一條公路貫穿，一邊通往拉斯維加斯，一邊接往洛杉磯，聽來都是追夢成名的好途徑，她卻自願留在這座與世無爭，甚至被人遺忘的小鎮，守著一個曾經什麼都有，如今什麼都沒有的空洞。

　　於是我多付了一塊錢，讓似笑非笑的牛仔雕像，彆扭地晃動起年久失修的身子，唱起未曾聽聞的旋律。表演結束後，歌聲卻仍持續，回過神來，才發現是那位婦女，揮著扇子不經意地哼著，那是再多一塊錢，都換不來的快活。

　　穿過錯綜複雜的洞穴，告別幽暗，重新走返炎熱陽光。

　　礦坑的出口設於小鎮尾端，遠離觀光客主要聚集的區域，這裡多數的建築都未經翻新。一棟棟破敗的房舍，前身可能是銀行、學校、住家，但再多探究，也顯得多餘。人離開後，就連故事都沒有留下。望進櫥窗，只見空寂，櫥窗亦倒映不出什麼，徒有更多空寂。有些房舍並未上鎖，於是我輕輕地推開木門，揚起的厚重灰塵，是無聲的喟嘆，已經很久無人走進，更遑論回來。

　　我生活的城市如此繁華，是 Calico 所難以想像。

　　但曾經遇見的人、發生的事，也會不留情面地擾去城裡的風華。誓言攜手走過的街角，在愛情遠離後，誰也不願回頭；懷揣雄心壯志踏上的街道，在夢想覆滅後，也顯得晦暗無光。徒留回憶的地方，無法自我崩解，亦無法為他人拆遷，總在輾轉不寐的夜裡時不時地路過，然後逗留。鬼鎮其實無鬼，徘徊不散、搖搖欲墜的，竟都是自己。

　　Calico就像面生鏽的鏡子，已不華麗，卻仍能照進心底。那些早已癒合，卻又乾涸到裂出新痕的傷口，或許也需要些雨水。

　　走回停車場時，幾位工作人員正利用遊人稀少的午後，在倉庫忙進忙出，搬出一箱箱南瓜燈與骷髏造型的玩偶，提早替下個月的節日布置。在鬼鎮度過萬聖節，聽起來是再應景不過的計畫。

　　烈日當空，把後頸烤得又疼又紅，連同心浮氣躁的自己，都是季節惱人的記印。我忽然渴望一場大雨，但要是真落下了，又惹人生嫌。

　　榮光不再，小鎮卻依然存在，像仍盼望著什麼那般。

　　等一場雨，或等一個人，又或者一個不經意闖入的人，終究會帶來一場雨。

　　在那之前，孤獨依舊漫無止息，至於真正的夏天，則早已無蹤無影。

Desert ———————————— #2

　　再次見著熟悉的繁華，心裡不由自主地湧起眷念。

　　走過聲名遠播的拉斯維加大道（Las Vegas Strip），夜晚仍遠，尚不及最絢爛的模樣。稱不上人潮洶湧，卻也有股歡暢的氣氛隱隱醞釀。

　　許久未見的沙漠幻都，在過去病毒肆虐最嚴重時，也曾百業蕭條。如今行走其中，除了政府頒布的室內口罩令之外，已覺察不著任何疫情的痕跡。所有人都回來了，男女老少、偷拐搶騙，宛如多年前的那個夜晚。當時的我，不過是名小學生，跟隨家人頭一回來到美國。年紀太輕，看不懂這座城，卻始終謹記它讀來洋氣十足的姓名，連同街頭花俏又浮誇的燈飾，深深地映入眼簾。炫目的光，不僅新奇，無形中也照亮了一個男孩的視界。

大學畢業前的寒假，將要卸去學生身分的最後假期，也曾隻身造訪 Vegas。當時尚未取得駕照，亦不明瞭公路旅行的美好，只好妥協地加入華人旅行團。乘著巴士從灣區出發，一路穿行著名的觀光景點，卻未久留。嘈雜的車內，有著戴緊耳機也難以阻抗的聒躁，直到天光將盡之時，終於駛抵幻城。低廉的團費使然，一行人只得住進破陋的旅館。那絕不是個睡得香甜的夜，窗外整晚作亮的霓虹終究不屬於我，但目光借來的榮華，倒也像種解脫。

　　三度來到 Vegas，談不上久別重逢，但還記得 The STRAT Hotel 拔地而起的高塔、Luxor Hotel 金字塔建築的奇特外觀，和其頂端射出的雷射光柱，當然也記得圍繞 New York- New York Hotel 而建，那座從來沒有勇氣踏上的巨型雲霄飛車。

　　有些回憶歷久不衰，而眼前的城市，當然也有所更新。

　　來到 Vegas 與我會合的表姐，帶我住進新開幕，義大利風格的 The Palazzo Hotel。對街的 The Wynn Resort 有著別出心裁的庭園設計，走進飯店大廳，酒吧旁的水池按時呈現高科技的燈光秀，主題囊括太空、叢林，包羅萬象，卻不荒謬。在金錢砸出來的都會裡，能有什麼稱作荒唐？

　　大街逛累了，我們也開車往老城區去，迎著涼爽晚風參觀 The Neon Museum。面積不大的戶外展區，蒐藏多種見證 Vegas 變遷的霓燈招牌。導覽人員老練地講述著展品的過去，何以被製成點亮，又為何淪落黯淡無光。接上新的電線，換上新的燈泡，事過境遷後，依舊能燃亮城市一隅。我想它們也樂於移居至此，儘管微不足道，倒也放著光。有些繁華未曾消失，只是隨著世代更迭，學會低調，懂得隱藏。

　　這終究是座變化飛快，甚至令人跟不緊腳步的城市，而我們遠道而來，究竟為了什麼？

　　肯定不是為著在吃角子老虎機，或任何一個規則繁複的機臺前，靠著好手氣發財致富，而是為了把握在此度過的寶貴一夜。這樣的夜晚可以很簡單，只是大步走在街上，和表姐共飲手裡 Fat Tuesday 販賣的酒精調飲，甜得不像話，誰也醉不了。在 Bellagio Hotel 前，等待一場教人目不轉睛，壯觀至極的噴泉秀。水柱伴隨音樂旋舞，飛濺的水花灑在身上，也能提醒自己，眼前的美好並非虛幻。散場時，走到隔壁的 Mirage Hotel，繼續看場人造的火山噴發。奢望熱鬧能一路延續，卻在途經 Treasure Island Hotel 時，驚覺門口本該如時上演的海盜表演已經不復存在。

經典的演出早在多年前就宣告作結，原本只是暫時地休演，卻無預警地變成永久停演。飯店將舞臺及布景拆除，改建成餐廳與商店，徒留海盜船在原地，空蕩又冷清，純粹圖個紀念。

幾乎整晚都沒有拍攝相片的我，忍不住拿起相機，按下快門。

不是到此一遊的觀光客心態，只是面對不告而別的事物，內心難免酸楚。我已不再那般年輕，早已習慣在成長路上不停地道別。旅行時，有緣舊地重遊，往往能給念舊的自己帶來更多感動，但這樣的旅程也自帶風險，總會在不經意的情況下，發覺過往已真成過往。

想起那年站在 Treasure Island 飯店前，睜大雙眼，興奮地看著期待已久的表演。

緊張地牽著媽媽的手，眼前的海盜們正在甲板大打出手，我著急地希望正義的一方獲勝，卻不知道布幕背後，所有演員都是把酒言歡的朋友。長大後方才明瞭，海盜們尋了整夜的寶藏，原來就藏在年幼的自己身上，映在天真稚嫩的眼神裡，那是我們與生俱來，卻最不懂得珍藏的珍藏，總在半途丟失後，懊惱不已，只得追憶。

看著突兀的海盜船，有一瞬間，眼前的 Vegas 似乎不再絢燦。一盞燈暗下，會有新的燈亮起；一場表演落幕，總有新的才華取而代之。熙來攘往的大街，無人願意為著一艘難以遠航的船隻放慢步伐。人們總是求新求變，所以才來赴這座城。我無法倒行，又固執地不願前進，光是逆著人群佇立原地，便已費盡體力。

　　我確信自己還會再來這座城，但之後的經驗再繽紛，也永遠無法比擬初抵時之所見。

　　當 Vegas 逐漸擺脫陰霾，迎向後疫情的時代，當眾人都渴望重返紙醉金迷，而我這樣一個即將邁入而立之年，卻仍揹著背包四處漂移，不知道還能否以大男孩自居的傢伙，卻在充滿賭注與騙局的城市裡念想純真，在霓虹閃爍的眩光裡拼湊童趣，在滿城幻影裡，尋找著最接近夢境，卻又曾如此真實的東西。

　　我自己也說不清，卻懷念不已。

「姐，我想要去這裡。」

奔馳而過一望無際的荒漠，擔任司機的表姐戴著帥氣的墨鏡，正開著租來的白色 RV。而我姿態不正地懶坐在副駕駛座，攤開比臉還大的地圖，在縱橫交錯的路線和螞蟻大小般的字體裡搜索著下處目的地。

「Rhyolite，沙漠裡的鬼鎮。」

我不清楚這個名字該如何發音，嘗試了幾遍，都把一個簡短的英文單字唸得支離破碎。生性怕鬼的表姐顯然不在意，墨鏡也掩蓋不住她無可奈何的神情，於是我們不假思索地順著 Rhyolite 的路標，徑直地開了過去。

比起夏天，我更愛秋天，因為我喜歡事物燦亮後，風中飄逝的模樣。

儘管聽起來不是太健全的人生態度，但我總是迷戀風景裡，因為季節轉換而顯得殘缺的美麗，那亦是大地最像詩，旅者最像詩人的時節。因此，我同樣好奇規模雄偉的城市，何以在褪盡風華後，還能在無人聞問的世界裡，尋得安身立命之處。帶著一身不完美，存活或苟活。

　　我知道人離開後能留下的不多，僅有故事與回憶。而一座城市消逝後，是否也不會被徹底地磨滅？眼下的 Rhyolite，並不像前些時日造訪的 Calico 那般換上新裝，以另種姿態重返世人視線。Rhyolite 地處僻遠，但建設於淘金熱年代，在全盛時期的規模，甚至比 Calico 還來得繁榮。擁有五千多名居民的城鎮裡應有盡有，舉凡飯店、賭場、銀行、醫院與學校，甚至修建了一條能從 Vegas 通往 Rhyolite 的鐵路，只是一切都隨著淘金熱的消退而告終。繁華一時，零落一世，令人不勝唏噓。

　　能離開的都走了，離不開的，僅留破敗形跡。至於故事，假使風願傳遞，又有誰會聆聽？

　　往鬼鎮的車程遙遠，我們正穿越過死亡谷國家公園（Death Valley National Park）最無人涉足的疆域。我興奮不已，也深感慶幸，幸好這趟旅程有人作陪。放眼望去，舉目死寂，僅有一條恍若連往天際的公路。鮮少見到車輛來往，似乎蒼茫大地裡，只有我們遊蕩不定。

　　當然，夏天並非拜訪死亡谷的好時機。身為美洲大陸最為酷熱之處，在極端的日子裡，正午時分的氣溫能高達攝氏五十餘度，再簡單的戶外健行都能轉瞬化作致命危機。然而意外的是，今日氣候宜人，若搖下車窗，荒漠裡的風儘管參雜砂礫，粗獷裡卻帶有一份溫潤。讓人相信，原來死亡谷也能如此親近。

隨意調選著收音機頻率，放送起陌生的歌曲。觸目所及，皆是岑寂，我無從計數杳無人煙的土地裡有多少城鎮逝去，反而感覺血液裡蘊滿生機，似乎唯有在這般環境，才能喚醒某部分的自己。雖說跳動的心無力改變太多，卻足以教人牢記世界的各種美麗，無論那是積極，抑或消極。死亡谷之名讀來殘忍又可怕，卻沒有使我迎頭撞進絕望，看著不斷延展、重複的風景，反而找到了一絲希望，好像這趟旅行能永遠繼續下去。

　　仍然無法用確切的言語描述，遼闊的土地是如何療慰受傷的心靈，直至痊癒。

　　雖以寫作為志業，有時卻不擅長將當下感受敘寫。但打從成為背包客開始，我就憧憬著一條筆直的路，望不見它的盡頭，卻始終有股信念，它能領著我往任何地方去。長大後逐漸明白，路很長，僅憑滿腔熱血難以續行。多愁善感的靈魂會為了有人同行欣喜，也會因為有人半途下車傷懷。繞著圈，迷著路，把簡單的旅程走得糾結，無數次陷入自設的窠臼裡。

　　或許這就是創作者必有的途經，正因為片刻的徬徨，反而得以看進廣闊，那些遠大於自己所能想像和理解的景致，也都能收入心上。脆弱能因為大山變得勇毅，悲戚亦能為流水洗去。好比此刻，始終煩躁的內心，都因為荒蕪而顯得平靜。總是靜謐無聲的大地蘊藏太多線索，曾以為解開謎底，便能看懂四季，後來卻發現，反而更加認識自己。

抵達 Rhyolite，將引擎熄火後，就再無聲音。

站在鬼鎮曾經的大街，頹傾的建築群曾有各種面貌，如今都無人知曉。當年的火車站，可謂是鎮裡保存最為完善的建築。牆面色彩猶存，但論誰也無法透過它再往哪去。這是一次赤裸又真實的拋棄，正在進行，卻沒有結局。即便如此，我依然試圖在蕭索的鎮上找尋任何一點生機，哪怕只是一朵沙漠裡嬌豔盛開的花，又或是滾滾黃沙亦無法藏匿的金色光芒，卻始終遍尋不著。與此同時，暑氣蒸騰，鬧得人難受，於是我放棄了，坦然接受這座小鎮的命運，是光陰仍未抹滅的記憶，孤伶伶地散落在沙漠裡，不再期待什麼，在死亡谷裡等待自身的消亡。

如果可以，其實我想在這裡看場夕陽，當晝夜交替，當晚霞消弭萬物的邊線，是否也能重新喚回城鎮的芳華？當墜進深夜，漫無邊際的黑暗裡，是否藏有更為窒息的寧靜？但表姐顯然不會同意，於是我們交換了眼神，不發一語地步回車上，揚長而去。我們和所有人一樣，都選擇捨棄這座小鎮，而小鎮也早已習慣，不多作挽留，默默地目送緣分遠去。

　　收音機裡仍舊播著那些未曾耳聞的旋律，駛過遼遠的來時長路，卻覺得車輛輕巧許多。在這樣的日子裡，任何一首唱著小情小愛的歌曲，聽來都具有公路電影的壯闊，似乎都能連結到更宏大的主題。

　　「接下來，你要去哪裡？」

　　表姐又拋出同樣的問題，我卻沒有反應，我從來就不知道該如何回答。

　　不知不覺間，原來我也把再單純不過的問題，連結到了更龐大，也更私人的主題。

眼前的道路依然筆直，教人望不見盡頭，我曾經是那個如此清楚自己
方向的人，如今卻又再一次地回到十字路口，即便如此，至少已不再眷戀
後照鏡裡映射的風景。

　　無論那是衰敗，還是繁華，都過去了。

Desert _____ #4

　　旅程持續東進，奔行在 15 號公路上，越過內華達州（Nevada State）的
邊界，跨進猶他州（Utah State）的範圍。窗外風光依然開曠，道路宛若揮
灑大地的筆墨，我們讀不懂，只能一直走。

　　表姐依舊是那身熟悉的裝束，在駕駛座全速前進，開往目的地——布
萊斯峽谷國家公園（Bryce Canyon National Park）。後座幾位半途加入的朋
友聊得正開心，而我的旅程也許久未有這般熱鬧，總是隻身地前進、暫停、
呼吸，然後再前進，有時甚至規律到忘記呼吸。我的旅行多半無聲，儘管
會在途中播放精心揀選的歌曲，但總歸來說都是寧靜。離開了旅行，日常
生活亦然。有朋友，沒交集，有聚會，不參與。倒也談不上刻意疏遠，只
是我好像從來就比較喜歡清靜的生活。

這並不代表我無法忍受此刻自後座傳來，你一言我一語，有時爆出大笑的談話聲。相反地，還備感欣慰。我已太熟悉一個人，有時難免擔心自己深陷質數般的孤獨，當然那也無傷大雅，但偶爾有這樣的時刻替自己踩些煞車，未嘗不是件好事。

話說回來，我其實對於 Bryce Canyon 毫無認識。

沒有事先做功課，甚至連它的模樣，以何物出名都一知半解，但我一向信任美國的國家公園，這絕對會是值回票價的造訪，儘管這意味著得花上四小時的車程，馳騁而過寂寥的土地。但旅人絕非一無所有，除了有窗景作為獎勵，這一路上也有太多事情需要分享。表姐的朋友們並非都住在灣區，疫情緣故，亦許久未見。大夥兒忙於更新近況，我則選擇當起聽眾，將視線望向窗外，試圖在那些稍縱即逝，路過即錯過的風景中捉捕些什麼，抵抗些什麼。車速再快，也難以抑止腦海，總愛在半途令回憶猝不及防地闖入，多半關於一些早已謝幕，有緣無分的人。

離開容易，忘記很難。

身為一名職業旅人，告別乃途中家常便飯。武裝自己，不外露太多情緒，是無奈無力之餘，必須扮演的專業。旅途的故事可以擱置半途，但當一個在日常生活具有重要地位的人，沒有預兆地遠去，忽如其來的錯愕仍未退散，傷心已先狂潮般地襲來。太多回憶，散架在城市的角落，歲時輪替也無法帶離。對於旅者來說，唯有邁向一段新的旅程，才能覆蓋舊的記憶，但啟程豈有這般容易，能說踏上就踏上，說遺忘就遺忘。

抵達 Bryce Canyon 前，表姐將車停靠路邊的加油站，我們也順勢下車活動筋骨，稍事休息。那可真是個不毛之地，目之所及，空無一物，徒有燃油氣味強烈的機具，和旁側的小型商店，裡頭疊滿似乎永遠也賣不出去的廉價商品。店員慵懶地趴在櫃檯後，沒有招呼，沒有期待。走出屋外，山脈連綿無盡，公路盤桓其上，高速飛馳的車輛翻起陣陣砂礫，是大地寂然裡不時的激昂。孤獨在遼闊裡孕生，路過的人縱然不樂意，也只能收下這份惹人嫌的贈禮。

　　加完油後，表姐用眼神示意眾人上車續行。我沒有說的是，其實想待久一些，可我沒有理由，也找不著原因。我應當沒有喜愛這裡，但這處無名之地，卻給人一股莫名的歸屬感。

　　至於 Bryce Canyon，果真不令人失望。

　　從名為日出點（Sunrise Point）的觀景臺下望，那樣的宏壯已非文字所能形容，我忍不住地按起快門，卻發現那亦非鏡頭所能乘載。天空乍看晴朗，遠處卻有幾朵雲團聚集，像有預謀般，偶爾阻擋陽光，偶爾為陽光穿透，這好似大自然雕琢的帝國便配合地一處亮起，一處暗下。

　　無法理解峽谷的成因，儘管解說牌詳盡的科學解釋裡，字句皆能讀懂，卻難以明白，這過程究竟需要多長時間。我在地球的時間相當有限，就連目送一個緣分遠走都費盡光陰，又該怎麼去理解一些磐石般產物的形成原理？

　　雖說不明就理，一行人依然選擇沿著 Rim Trail 棧道深入谷底。繞上一圈的路程得花上數小時，但那將會帶來全然不同的視野。觀者不再事不關己般地俯瞰，而是放低姿態，心甘情願地臣服於狂野又蕭瑟的美。眼前石柱，千姿萬態，組成巍峨挺拔的石林。訪者不隸屬於此，亦步亦趨地傴身而過，仰望探景之餘，也像緬懷起大地王國的歲月崢嶸。這些石柱，色彩鮮奇，還有著相當可愛的稱呼——Hoodoo。名字念來親暱，像是人類多年的朋友，卻說不清在這回初見以前，萬餘年歲的它們，早已看過輪迴多少次的我們。

石林的形成與流水侵蝕有關，如今也仍身處侵蝕半途。不同的岩層硬度不同，因而造就奇岩怪石，各異其趣。某種程度來說，它們便是見證地球蝕痕的遺留，是尚未被時光刻盡的事物。當陽光照上，色澤愈發赭紅，恍若所有過去未癒的傷，都值得燦爛閃爍。偶爾大雨落下，也許加速了消蝕，但雨過天晴後存留下來的，卻依舊堅挺，更顯模樣。

或許，我真該和這些友人好好學習，一些待人處事的道理。

Bryce Canyon 裡有太多驚奇，難以用一篇文章去描述。峽谷變化多端的美景，還來不及全數消化，只能先收進眼底，待日後人生令其發酵。在這之前，我還要奔往更多風景，捕獲更多色彩，也成為更多色彩。

回程時，我們再次路過無名之地。

　　漫天暮靄，夜欲深沉，襯映著加油站的空蕩無人，在餘暉散盡的天色裡自願沉淪，我卻沒有多看一眼。我常常因為一些說不明的理由半途停駐，旅行中如此，人際關係裡亦然。以為兩顆孤獨的心彼此接近，想來天經地義，後來才明白，自己不過是他人旅程裡俯拾即是的中點，而非尋尋覓覓的終點。

　　見過孤傲又美麗的事物，就用以提醒自己，別因為困處蕭索，偶爾窘迫，就錯將沙漠看成海洋。以為縱身一躍，便能盡情徜徉，卻徒有滿天風沙，惹得遍體鱗傷。

Desert ⎯⎯⎯⎯⎯⎯⎯⎯⎯⎯⎯⎯ #5

　　坐上錫安國家公園（Zion National Park）山頂的石塊，氣息仍有些喘，但停下步履後，呼吸頻率也適時地重整。我的視線不再停留腳邊，居高臨下地回望，那條坡度近乎垂直的來時路顯得不大真實，幾乎要讓人忘記自己何以走過。

　　半途認識的美國大男孩 Kevin 緊隨其後，也翻過山頭，他將汗涔涔的身子靠上我的背。這一路我們相互扶持，替彼此加油打氣，才終於攀上海拔1765 公尺的天使降臨之頂（Angel's Landing）。我很喜歡這個名字，卻無法像天使那般姿態飄逸，我們終究是凡人，只能從山腳本本分分地攀登。花費五個小時，汗流浹背，不成人形地抵達高處，卻也在虛脫的同時為大地拯救。

　　「真是漂亮。」Kevin 望著眼前的風景，勾起我的肩，故作平淡的語氣裡有藏不住的興奮。

　　「是呀，真的很漂亮。」

　　大自然毫不保留，不作掩飾的美，教人失語。旅行至此，我早已窮盡詞彙，只能發自內心地讚嘆。回頭一看，表姐和幾位友人也爬了上來。對於 Zion 懷抱巨大熱忱的表姐，總算了結擱置心中多時的遺憾，而我也備感榮幸能見證她的圓滿。數年前，她曾與朋友來訪此地，但當時的同伴不願攀爬這座公園裡著名的登山路線。因此這回，為了化解當年的缺憾，在離開 Bryce Canyon 後的隔日，我們便驅車來到 Zion。抵達之前，我並不清楚該期待什麼，以為很難再找到像 Bryce Canyon 那般遼闊又絢爛的所在，然而事實上，誠如一再提到的，美國的國家公園永遠值得信任。

　　群山巍峨，映襯著來客浩渺，為流水切蝕的峽谷，也同樣盡顯壯美。這般大景收入眼中，卻不壓迫，反而賦予一股莫可名狀的平靜，彷彿一場洗滌心靈的盛大儀禮。而 Zion 一詞，也確實與宗教有關。在希伯來語中意味著「神聖的安詳之地」的它，得名於 1860 年代赴此開墾的摩門教徒。我對宗教並無涉獵，倒能明白命名的緣由。這世上不乏壯觀的風景，但並非每處景致都富有靈氣，猶如帶有神諭，或許也因為攀上高峰的我們，早已在途中將步履走得虔誠，心靈也趨近澄徹。

畢竟，欲攀上山巔，著實需要信仰作陪。

Angel's Landing 的山勢極為險峻，在上爬下行的過程裡，不僅得手腳並用，後半段的路程還需依靠鐵鍊支撐。若上下行的登山客碰在一塊，往往使得狹窄的山道堵塞。一不小心，就會直落身旁深不可測的懸崖。這些年來，不時也能耳聞遊客墜崖喪命的意外。

然而，我們還是不畏挑戰，勇敢地出發。過程裡有幸遇見兩位來自丹佛（Denver）的大男孩，其中一位便是 Kevin。年齡相近，話也投機，目標更是一致，便決定同行，朝著 Angel's Landing 攀去。

Kevin 是個很酷的大男孩，全身布滿刺青。當他掀開外衣，身上幾乎已找不著未被刺青填滿的空隙。

「我的身體是塊畫布，也是張地圖。」

同樣喜歡旅行的 Kevin，習慣在去過的地方找間刺青店留念。那些在不同城鎮刺上的圖紋花樣不同，顏色不一，儘管看來凌亂，也都是旅者渴求的烙印。看在旁人眼裡，Kevin 舉手投足間都顯得有些瘋癲。他的行為我表面上也不能理解，但放在心底，卻是由衷地欽佩。

　　Kevin 知道自己在做什麼，他的眼裡也有難得的執著與熱忱。這不是個被困在半途，失去前進動力，卻又不願返航的旅人。當他雀躍地向我分享接下來的刺青計畫，我只是笑著點點頭，不知該如何回應這份感動，我已經許久沒有見著如此自由快活的靈魂。

　　攀過 Angel's Landing 的頂端，總有許多人顧不上狼狽的模樣，便急於和身旁的面孔擊掌或擁抱，更激動的，還會獻出熱吻。每個人都帶著迥異的理由來赴這趟旅程，雖說千辛萬苦的抵達，不能保證如願以償，但在這樣一處充滿宗教氣息的山嶺，徬徨雖未霧散雲開，但心裡的信仰，好像也更堅定了點。

　　「其實，我是個旅行作家。」
　　專注地看著 Kevin，沒來由地，忽然想開口傾訴。
　　旅行就是這樣，總會在某些時刻，對一些並不熟稔，甚至才剛認識的人吐露太多真心話。下山的路很長，我給 Kevin 講起自己成為作家的故事，以及那些在職涯裡遭逢的挫折，當然也談起那本甫出版就遇上疫情爆發，命運多舛的新書。

途經某處拐彎時，和 Kevin 同行的友人 Sean，堅持要幫我拍張照。

　　儘管難為情，卻還是硬著頭皮聽從他的指示，將手中的相機舉起，面朝大山，望向遠方，就像平常那樣，只是沒人替我留影。

　　「太帥了，這就是一個旅人該有的形象！」Sean 看著自己指導的成果，滿意極了，朝我豎起大拇指，連聲讚揚。Kevin 則站在一旁，戴著眼鏡的他，露出帶有傻氣，卻真誠無比的笑容。

　　下山後，大夥兒在公園入口處找到一間酒吧。

　　外頭無預警地落起大雨，像要挽留即將四散的緣分那般。每個人都點了一杯啤酒，躲雨之餘，也乾杯慶祝彼此安然無恙地自眾神疆域返回俗世人間。啤酒喝來酸澀，是我不懂，卻應該要懂的滋味。聊天時，一張素昧平生的臉孔徑直地向我走來，並禮貌性地打了聲招呼。隱約間，似乎有些印象，他應當是方才返程路上，走在身後的金髮男子。

　　「雖然有些唐突，但我聽說你是個旅行作家，那是我夢寐以求的工作。我很喜歡旅行，也已經走過許多地方。如果有機會，也想把自己的故事寫下來，可以告訴我該怎麼做到嗎？」

　　屋外雨勢漸大，把房頂敲得滴答作響，他手中盛滿的酒杯裡，浮起金黃光澤的泡沫，卻不比他渴盼的神情來得耀眼，可能短暫，也可能恆久。聽聞此言，始終站在身旁的 Kevin，用他厚實的手掌拍起我的肩膀，都笑了。

　　「記得把我寫進新書裡。」分別前，Kevin 這般說，然後獻上一個溫暖的擁抱。

　　我會的，我也的確這麼做了，卻不是因為曾經許下承諾，而是因為在你的眼中，在那個攀過大山的夏日午後，在一間人聲鼎沸的酒吧裡，你用看著作家的目光看向我，一眼就讀懂濃縮在我身影裡所有走過的長路，和途中的美麗哀愁。僅是一個堅信的眼神，就令我的迷惘化為無物，知道自己永遠可以過著想過的生活。

　　Kevin，誰也說不準未來的事，但我很篤定，旅人終究要回到路上的。
　　不知道能否再見，但誠心地祝福，願長途待你良善如初，也願你我有緣重逢。
　　也許那一天，我已不是你眼裡鼓舞肯定的模樣，你也已經後悔地洗去身上的印記，像要逃離年少時的衝動那般，其實誰也不願承認，是年少逃離了我們。但我始終相信，某一部分的我們，不會失色，不會消退，會被永遠地留在那片曾一起看過，Zion 遼闊的天空。

　　早晨七點，天方微亮，我已站在羚羊峽谷（Antelope Canyon）前。

　　聲名顯赫的它，名滿天下，儘管未曾造訪，誰都見過它絢彩斑斕的模樣。最經典的畫面，莫過於一道斜照谷底的陽光，點亮深處幽暗，如要喚醒峽谷那般，盡顯色彩。這座由砂岩構成的峽谷，受到川流長期沖刷，在巨石上刻出流線般的蝕痕，宛如大地精心雕琢的藝術品。可以這麼說，Antelope Canyon 堪稱這趟沙漠之旅的重頭戲，也是旅程抵達的極東點。離開峽谷後，我們不再東行，而要調轉方向，開回 Vegas 的繁華。

　　但不知怎麼說，總覺得 Antelope Canyon 令人有些失望。

　　或許是因為抱持過多期待，錯將網路照片當作原貌，以為那是峽谷真實的形樣，卻忘了許多美景往往都是瞬間的事。季節、時間、技術、心態，缺一不可。

　　峽谷的遊客中心並不起眼，只是個搭建路邊，隨時能拆卸的組合屋，規矩卻相當嚴格。

　　不得遲到分秒，不得攜帶大件物品，也不得自行參觀，需要跟隨嚮導，搭乘景區安排的接駁車，緩慢地駛過沙塵漫天的荒野。而我已準備好一顆敬畏之心，躡手躡腳地走進幽深峽谷。

　　無論是 Bryce Canyon 抑或 Zion，甚至是行車途中的無名風景，都已讓我們慣於廣袤的事物。走進谷內的那刻，減縮的視線及步履，還真教人有些不適應，但很快地，眾人就在停下拍照和前行當中，取得一種默契與平衡。生活在鄰近城鎮的嚮導，身材高大壯碩，得不斷側身彎腰才能通過狹窄的峽谷。他一面解釋美景的成因，一面告訴眾人哪個角度拍出的景致最為人津津樂道，甚至主動幫遊客的相機調整色相，讓畫面裡拍來並不出眾的峽谷，一下子變得鮮豔亮麗。後來我才明白，由於谷內多數時間缺乏光線，總顯得陰暗，若要拍出印象裡的照片，並非易事，需要耐心，更需要運氣。

在嚮導巧手協助下，對於能拍到符合預期的照片，大家都笑得很開心。

恍惚間，我感覺不大對勁，卻也說不出個所以然。我能明白嚮導希望遊客稱心如意地離去，也明白每個人之所以不遠千里而來，皆是為著親見網路上呈現的招牌風光。但看著眼前明明昏暗的峽谷，透過後製變身一張張絢爛的照片，我卻不知道該如何評價這些瞬間。它們著實留住了旅行的時刻，卻是旅人未曾體驗過的片刻。

「再多加一點彩度，調一些對比，這樣才能成為一張美麗的照片。」

明明峽谷裡僅有單一方向可供前行，聽著嚮導的言詞，卻覺得自己有些迷失。

「攝影，讓我停住時間。寫作，讓我感受時間。」

很多年前，我總愛用這句話作為校園演講的收尾，這是當時對於自己工作最充分的理解。我是一名旅行作家，在旅程結束，開展新的創作之時，常常需要透過途中拍攝的照片回憶，以便書寫。倘若照片無法如實地反映當下，那麼我又該如何將畫面中的感動，真誠地傳達出去呢？

Antelope Canyon 不長，若不放緩步伐，匆匆掠過，走完全程不過也就十幾分鐘的事。

但我們將步履放慢，聽著嚮導詳盡的講解，儘管拍出的照片真實性有待商榷，但多虧了他，才得以認識峽谷的今生前世，甚至透過他的手電筒，順著光的方向，發現一棵為湍流所攜，如今卡入石縫間的枯木。在照明不足的情況下，壁面色彩並不繽紛，卻仍能見著石塊上為流水畫過的線條，看來脆弱又堅毅。我試圖理解它們行程的軌跡，參透起點與終點，卻發現自己不過是其中一員，論誰也無從解釋時間。我們都身處其中，如同這些線條，只能續行，直至窮盡。雖說旅程與生命總有末尾，倘若能將故事寄託傳遞，是否就能永遠地訴說下去？

　　這是我的想望，卻不知該如何實現，巨石的弧線如此平順，而我的生活依然顛簸曲折。

　　走出峽谷前，嚮導主動提議替眾人拍張合影。

　　於是我們順著指示完成照片，但無論是人們的心緒，還是峽谷的色澤，都未被真實地留住。我們確實抵達神往已久的地方，只是沒有見到如預想般的風景。不是失落，也不是成就，介於兩者之中，難以界定。

　　重新開闊的視野裡，毫無遮蔭，陽光鋪張熾烈。谷外的地質與谷內相同，但光線充足後，反倒變回單純的土堆。壁面印滿來客的手印，像是到此一遊的留念，猛然一看，還有些詭異。不知道按下這些手印的主人，記憶裡的 Antelope Canyon 是何種顏色？我有樣學樣地伸出手掌，觸碰的一切卻悉數崩解。

我忽然覺得沒那麼失望了，因為也看見峽谷另外的樣貌，那個盛名之下，偶爾不如預期，卻也不造作的它。誰都不該活成別人眼裡規訓的模樣，儘管有時選擇順應，也總該有些為自己而活的時刻。人是如此，峽谷亦是，組成雷同，都為塵土堆積，也都會風中破碎。

「或許春分時再回來看看，那時的光會更漂亮些。」
嚮導發現我微微失望的神情，主動地發起邀約。但夏天都還沒遠走，又該怎麼去預知，如何保證一個更加絢爛，能夠一雪前恥的春天？
嚮導也無法擔保，只能無奈地聳起肩，目送我們坐上接駁車，風沙滾滾裡，各自遠颺。

車速儘管緩慢，依舊揚起大量沙塵，填滿外衣口袋，而我無動於衷，只是不斷地望向天空。
沒有包裝，也無從包裝，看不盡，更留不住，反而顯得真實。
我想，我還是喜歡遼闊的事物。

Desert ―――――――――――――――――― #7

　「弟，和你商量一件事，本來要去的紀念碑谷（Monument Valley），可能無法去了。」

　餐桌旁的表姐表情尷尬地望向我，而我的視線則停在紙盒裡剩餘的 pizza。美式臘腸口味搭配起司粉，方才我迅速地吞下了三塊，原以為已經飽足，現在看來還能再吃一些。

　「沒關係，那裡太遠了。」我漫不經心地回應，將嘴裡熱騰騰的 pizza 吞入肚內，適時地填滿了失落。

　打從 Vegas 出發，這一路向東，已走過五百公里的路程。若要按照原定計畫往 Monument Valley 去，得續朝東行二百餘里，這一來一往將會多花上四小時的車程，而我們還得在隔天晚上回到賭城，聽起來確實相當辛苦，也會使整天的行程形同趕路。

　「我下次再帶你去。」

　我的臉頰刻意上揚，轉頭嚥下一塊新的 Pizza，內餡冷了，但餅皮還是剛出爐那般酥脆。

　一面咀嚼著，一面滑開手機地圖裡事先標註的 Monument Valley。照片裡彷彿其他星球的壯觀風貌，原先是我在整趟旅行裡最盼望的抵達，只可惜這回沒機會親臨，站上那像是為造物者塗過色的土地，也無緣走至公路中央，拍張能當作一輩子頭貼的照片，假裝自己是無畏的，忘記自己是悵惘的。說實話，只要想起美國公路，腦袋裡便會浮現 Monument Valley，即便未曾到訪，卻幾乎要成為心目中公路的象徵，遺憾開了這麼遠的路，依舊無法駛抵。

說來奇怪，倒不覺傷懷，或許心底深處的我，也不希望以如此歡樂的方式迎向期待已久的遠方。倘若可以，我更希望能隻身開著車，橫越千餘公里的路程，直到駛進 Monument Valley 似真似幻，虛空般的大地。那般孤寂的光景，我也得讓自己孤獨地奔赴。又或者，其實早已預料行程更動的可能性。荒瘠的風景看久了，都有些膩，任誰也想早點回返燈火繁華，即便那不過是沙漠裡的另場幻夢。

　　「總有一天，我會自己去的。」

　　心裡嘀咕著，安慰的口氣，講給自己聽，又像是難以履行的允諾。這終究是背包客生涯裡，反覆對自己訴說的話語。

　　幾小時前，我們在開往留宿的城鎮半途，駛過一片全然死寂。道路雖然筆直，但沿途幾無房舍，徒有漆黑如墨的晚空。一整天的舟車勞頓令大家都疲憊不堪，我看著駕駛座上正踩緊油門，意圖加速駛向光明的表姐，用眼神確定她是否累過了頭。

　　「我沒事，不用擔心。」

　　我點了點頭，就像表姐說的，我們家族的人似乎都有著長途移動的基因。動輒數百公里，以小時計的車程都不算什麼。數字再龐雜，對熱愛旅行的人而言，也不過只是條路。

於是我轉而望向窗外，明朗夜色裡，群星聚攏，著實美麗。後座友人本來睡得東倒西歪，也趕緊清醒。搖下車窗，想在高速行駛的車裡拍攝星空簡直堪稱不可能的任務，實績也證明確實差強人意。既然留不住，不如就放心底謹記，這是令旅行變得美好的秘笈。比起一張張像素精良的相片，我更願意牢記當下風景裡的自己。

憑藉僅存的天文知識，試圖認清星座的姓名，隱約間好像見著銀河，卻又無法斷定。打開手機想查明，卻發現正行駛在完全失去訊號的大地，無從查證望見哪顆星，亦無從定位自己身處何地。在一片伸手不見五指的黑暗裡，只有灌入車內的疾風，吹不走我們，也吹不動繁星。

小時候寫下的夢想，包括摘下一顆星星，送給摯愛的家人。長大後依然保有同樣的心願，卻是希望收進行囊，在無論如何的日子裡，都有背包的星星放光明，能給總是因為別人的三言兩語就翻起洶湧波濤的自己，指一條波瀾不驚的路；也能給總是一碰就碎，脆弱到與外表不相稱的自己，持久不退的勇氣。

不遠處的城鎮燈火爛亮著，路牌上標記距離的數字逐漸遞減，天空不再昏暗，星群也顯得黯淡。終於來到今晚下榻之處，我卻忘了那裡的名字，只記得荒漠裡的星空。也許那自認為的銀河不過只是數顆毫無關聯的恆星，但誰在乎呢？至少在這一無所有的黑暗裡，有幸收穫漫天璀璨，那是打從成為背包客開始，直至今日，仍在尋覓，也未曾遺落的感動。

隔天早晨，依照新的計畫，我們調轉方向，開始西返，目標是在夜色降臨前回到 Vegas。

距離 Monument Valley 愈來愈遠，心裡已不覺落空。天光照耀下，總算看清這座夜晚抵達的城鎮，乏善可陳，不值一提。和今天的早餐一樣，由昨晚吃剩的 Pizza 充當，儘管微波加熱過，但內餡與餅皮都不再美味，都過了適合品嘗的時機與心境。

窗外風光依然遼遠，溢滿眼底，早已裝不進。正蓄蘊的睡意，被收音機裡連續傳來的雜音打斷，教人心煩。後座的朋友忽然提議，慫恿大家唱歌助興。輪到我時，實在無力阻止，只得反覆思索歌單，尷尬地在美國公路上清唱整首周興哲的《怎麼了》，其實我更想問自己，到底怎麼了。如雷掌聲也難以掩飾我的苦笑，荒唐又離奇的體驗令臉頰發熱，卻又莫名地覺得似乎能再高歌一曲。同時間，Monument Valley 已被拋在後頭，等待另個年歲的自己再來履行。

　　我相信這些五音不全的瞬間，日後都將成為想來難忘的回憶，我會懷念起有人同行的旅途，因為那時的我，可能身處一條無人作陪，寂寞又遙遠的公路，可能窗外正下著滂沱大雨，可能我正失去方向，徬徨地躲在車裡，深陷回憶，盼望雨停。

　　朦朧之間，我又回到 Mt. Rainier 的山腳，就像舒國治老師曾在書裡描述的那般：「我在路上已然太久，抵達一個地點，接著又離開它，下一處究竟是哪裡。」

行旅太長時間，所有已然發生的記憶，都和尚未駛進的風景交織一起，像部時間軸紊亂，難以一眼釐清頭緒的電影。但當你在過去的自己裡，找到了今天的自己，方才明白，再多纏繞與混亂，解開來，都是條筆直的公路，只是移動的人把它走得糾結又漫長，不過如此而已。

　　車內如此寧靜，坐在駕駛座上，沒有歌聲，沒有笑語，再也無人更動行程。獨自的旅途裡，路總是要自己走的。早已遺忘出發時里程表顯示的數字，但無論怎麼計算，回去的路都不比來時路短，仍是一串留待奔往的龐大。

　　山間雨勢漸歇，霧卻湧起。大地闃然裡，徒聞引擎運轉，嗡嗡不息。
　　轉開頭燈，輕踩油門，離開森林，往海洋去。
　　後照鏡裡沒有別人，孤寂趁勢坐乘，至於未抵的長路前方，只有尋找和遇見。

CHAPTER 4

Coastline

海 岸 線

該怎麼形容阿斯托里亞（Astoria）這座小鎮呢？

　　攤開地圖，以位置來說，它位處哥倫比亞河的出海口，可以說是俄勒岡州最靠北的一座濱海城鎮。面積不大的主城區裡，沒有太多名勝古蹟，也找不著在此特意停駐的理由。湊合點說，會讓人多瞧上幾眼的，只有座名為 Astoria—Megler 的大橋。取名亦不迂迴，直接以河岸兩側市鎮為名，它更是全美最長的連續桁架橋。倘若不計距離，也不過橋，只站在岸邊拍照留念，那麼除此之外，這便是座無事可做的城鎮，並無法給遊人帶來太多念念不忘的瞬間。除非你和我一樣，在來時路上始終穿行莽莽林海，那麼至少來到 Astoria，能夠重見久違的太平洋。

　　俄勒岡州留在印象裡的，始終是它與加州迥然不同，蔥蔥鬱鬱的森林，更別提那一座比一座還要雄偉的山峰。但當驅車來到 Astoria，隨著廣袤的洋面映入眼簾，這才想起自己一直熱愛的，當然還是海洋。接下來，便是沿著濱海公路南行，重返加州，直達路途終點——洛杉磯。按照規劃，之後數天，都將有曲折蜿蜒的海岸線作陪。

　　鄰近市區的山坡上，有座高度僅 38 公尺的 Astoria Column 觀景塔，幾乎可以說是除去跨海大橋之外唯一的觀光景點，儘管不起眼，至少是城鎮的制高點。九月中旬的天氣，談不上寒冷，卻也不燥熱。強勁的海風吹上緩坡，變得溫順許多。話雖如此，售票處的小姐依然身著羽絨服，親切地向我收取五塊美金的入場費，換來一張全年通行的停車證。雖說這座塔、這座城，看來都像個後會無期的緣分，但如此大方的票價，想來實屬罕見。

　　登塔的方式很簡單，也很複雜。塔體本身窄小，僅有一條螺旋樓梯可供拾級而上。由於雙向通行的緣故，常需要在狹窄的梯間側身禮讓來者先行。聽起來雖然不是什麼大問題，但因為眾人都提心吊膽地通過彼此，實際在旋梯花上的時間，反而還比在觀景臺來得久。

　　至於最重要的頂端風景，稱不上驚豔，也不失望，畢竟本就沒期待什麼。這只是座寧靜的濱海小鎮，所有風采皆為一旁大洋奪去。當然，可能它也從未想過將名氣攬上身，只想默默地偎身角隅，取之於海，也還之於海。過客來來去去，鮮少為它停留，亦不爭鬧，自願成為那種路過後便不再憶及的城鎮。但當你望進一名旅者的雙眸，也總能在幽邃的目光裡，發覺一些難以全然抹去，始終存在的記憶。

　　與城市相戀，然後分手，每一座匆匆抵達又離開的城市，都像場無疾而終的戀情。

　　不長久的相遇，注定不為誰停留，刻骨銘心與否，多數時候，也僅能將名字帶走。若未訴說這些故事，若非相機裡日漸淡忘的留影，任誰也不會知道我來過 Astoria，可能就連 Astoria 自己都不曾感覺我的到來吧。

　　離開觀景塔，有幸遇上一路綠燈，得以順暢地駛下長坡，抵達海邊。

　　大街旁有許多空車位，我卻轉進巷內，停在一座畫滿塗鴉的牆邊。斗大的告示牌提示著此處最長停車時間為兩小時，但我知道自己不會待那麼久，得在天黑前，開往遠在兩百餘里外的另座小鎮，若來得及，還有意看場日落。對面的車倒是看來停了許久，也許是拋錨，也許是拋棄，又或者不過是同件事。車身上有行麥克筆書寫的黑色大字「You never need luck when you have faith.（若你擁有信仰，何必期盼運氣）」，讀來意涵深遠，猜想可能和牆面塗鴉出自一人之手。

　　停車處距離大橋頗近，幾步路的距離便貼近橋墩。抬頭望去，墨綠色的橋身生硬地劃破晴空，方便了人們出行，卻也遏止遼闊。橋面上車流密切往來，轟隆作鳴，不曾間斷，幾乎要蓋去海水抵岸的潮聲。我停了下來，但世界依舊繁忙如常，每個人都急於奔往自己擬定的方向。走錯路，導航會發聲提醒；走太慢，後車會喇叭作響。有時候，難免疲態盡現，即便是個長年羈旅的行者，也想放緩腳步，卻又在這座濱海城鎮遍尋不得停靠的理由。躲進大橋的陰暗面，日光把路的影子拉得好長好遠，一不小心，都要永無止盡。

我將放置車窗上的年度通用停車券收起，本想揉成紙團丟棄，卻又打消念頭，細心折疊，收進皮夾。儘管這是座平淡無奇的小鎮，轉身離開後誰也不會掛念誰，雖說不會回來了，但心裡知道有處地方能隨時停靠，也覺溫暖。

　　車輛度橋的聲音一直持續，我無法再逃避，只得重新作動引擎，加入奔走行列。

　　對街的小酒館看似門可羅雀，霓虹字樣的招牌卻閃爍亮起，自顧自地歡愉。櫥窗映照著街道疾駛而過的車輛，難以窺探店內的景象，思索著這也許又是個生意清冷的午後，又或許夜晚的城鎮將會喧鬧起來，我不懂，也沒有時間弄懂。

　　以略低於速限的移動，轉動起方向盤。紅燈過後，就要接往 101 公路，開始既定的南行。

　　Astoria，請忘了我，像從未邂逅那般，只在我的身體裡留一點你的蹤影，隱隱約約，難以記起，也難以忘記。

「*It took 13 beaches to find one empty,*（我去過十三個海灘，才尋得一處平靜。）
But finally, its mine.（總算，這是屬於我的天地。）」

　　開車來到亞查茨（Yachats）小鎮時，腦袋裡便不由自主地播放起 Lana Del Rey 的歌曲旋律。

　　說不上感同身受，但離開 Astoria 後的路程，無論駛經多少海灘，始終找不到令人平靜之處。這並不代表沿途經過的地方不值得言說，相反地，我其實很喜歡在史帝芬堡州立公園（Fort Stevens State Park）海灘所見，那艘孤伶伶的船體殘骸，突兀地身處潔白灘岸，流露一股衝突之美。

　　原名彼得・埃雷代爾號（Peter Iredale）的它，在百年前因為濃霧及強風，不幸翻沉於此。

　　時光荏苒，物換星移，離不開的船體日漸腐朽，卻留有部分形骸，在徹底沉寂前，仍待光陰輪轉。海洋能運載人們奔往遠方，也能在頃刻間瓦解出發或歸航的渴望。一場災難抹不盡的餘留，事過境遷後回看，竟成了種殘忍的美學。誰都不是當事者，只是年代相異的旁觀者，看著素不相識的殘船，難以還原事物本貌。繞著打轉的目光，不屑一顧，或褒讚有加，其實都顯得事不關己。

　　不知道這艘船本欲航向何處，但依稀有股念頭，說不準這便是船的棲身之所，或許是它不願再漂泊四方呢？一次無心造成的擱淺，難保不是一場精心策劃的逃脫。也許有天，習慣海浪的人們也將厭倦潮湧，在這個步調快速，凡事都絢麗，卻不見美麗的年代，喜新厭舊的人們眼底還能否容進任何遼闊？

　　午後的海濱，風大得教人渾身難受，潔淨的沙灘原來是種假象，倘若再不遠走，無盡的自疑自問也將拖垮我，覆沉我。

除了 Fort Stevens State Park 之外，其實我也挺喜歡距離紐波特（Newport）不遠的亞基納頭燈塔（Yaquina Head Lighthouse）。

門口售票處有位身著藍色襯衫，頭戴漁夫帽的大哥，在得知我南行的路途後，不顧排起的車輛長隊，熱誠地向我介紹包攬海岸線景點停車費的套票。一卷在手，便能在許多知名的濱海公園，省去不少花費。

「記得開慢些，千萬別錯過沿途的美景！」

我將大哥的忠告謹記在心，悠緩地朝燈塔駛去，卻不曾預見海風竟能如此暴烈，即便坐在車內，都能感覺車體晃動。猶豫了半晌，還是勇敢地開門下車，吃了滿嘴風沙，也沒能換來半張滿意的相片。原來要成為一座燈塔，得學會抵擋這般疾風蒼勁。看著它不為所動的身影，我肅然起敬，欽佩不已。我終究只是浪，為風吹起，也為風定向，難以抵抗，僅能奔往。我沒有燈塔般的堅定意志，只有一顆忽遠忽近，上下起伏，搖擺不定的心。

狂風一路尾隨，而我總算在天黑前趕到今晚的留宿地——Yachats。

停步於此，並非特殊原因，只是夏末秋初之際，海岸沿線的住宿都貴得離奇，就連品質參差不齊的汽車旅館都大幅漲價。公路旅程已屆尾聲，我的錢包距離見底也僅存數步之遙，幸好我在 Yachats 找到一間旅館，慷慨地提供經濟型旅人價格低廉的房型。唯一缺點便是需要共用衛浴，但至少能享有一個獨立的住宿空間，面積不大，卻足夠溫馨。對我而言，也僅是需要一處地方，能脫離駕駛座，把無休止的移動拋下。

我不知道 Yachats 以什麼聞名，臆想或許是海鮮料理吧。飯店附設的餐廳高朋滿座，熱鬧非凡。鵝黃色的燈光映照陌生的臉龐，推杯換盞，酒酣耳熱，而屋外的我靜默觀察，在門邊躊躇著，直至天色漸晚。

七點一刻，正逢落日時分，於是我強忍飢腸轆轆的身子，朝海邊走去。

面朝大海的空地停滿車輛，車內的情侶們一邊享用外帶的晚餐，你儂我儂地盼看夕陽，暮色輝映下，顯得溫暖又幸福。而我傻乎乎地站在外頭，吹盡冷風，赫然醒悟自己有多愚蠢。但我總是這樣，做著與別人不同的決定，翻湧的情緒和迎向的結局，也只能悶聲地吞進肚裡。

　　循著接往海灘的木梯，我躲進大塊礁岩的陰影裡。

　　風是小了些，卻不減寒意，傍晚時分的 Yachats 氣溫不滿十度，夏天消逝得飛快。我搓著手掌呼出熱氣，蜷縮進無人探問的角落裡，像是擁有一處祕密基地。仰起頭，天光雲影正值爛漫，卻也豔色漸變，逐步消散。落日絕美，教人斂息，差點要忘卻砭骨的寒風。目光裡，海浪由遠到近，步調時而悠緩，時而衝動，都為暮光染成金燦。我看得出神，時間也伴裝緩慢，待意識過來，才發覺已經潸然淚下。

　　這或許是近年來哭得最大聲的一次，可說來奇怪，我並不明白哭泣的原因。

　　一時片刻沒有悲傷的理由，卻依舊止不住淚，甚至抽搐起身子。我已經將包裡隨身攜帶的面紙全數用盡，此刻就像失去武裝，無力遏止潰堤，只能任由情緒主導，宣洩釋放，直到衣袖皆為淚水沾濕。

　　就在男孩嚎啕大哭的同時，太陽也墜落了，以一種華麗又從容的姿態，不眷戀地收拾每一縷日光。這依然是背包客生涯裡難解的謎，見證過多少緣分離開都鮮少哭泣的我，怎會在一座僻靜的濱海小鎮，為著一場打從開始便注定終結的夕陽，落下無盡的眼淚呢？

也許，是因為留不住吧。

我留不住眼前的美景，也留不住身處美景當中的自己。

每次完成一本書，總在如釋重負的同時，轉身陷入新的僵局，那麼接下來呢？

回想疫情爆發前的夏天，剛做完第參號作品的我，順利替旅行三部曲劃下收尾。本以為一切到此為止，卻因為新的邀約，讓自己在百般掙扎後，再度接續作家的旅程。沒料到，疫情的到來，讓原先計畫擱置，只能另覓主題。千辛萬苦完成的第肆號作品，卻又在出版後再度為疫情攪局，準備了那麼長時間的書籍，被淹沒在無助與無奈裡。儘管是非戰之罪，但我也知道自己從來當不成大紅大紫的作家，要依靠寫作過活，始終不易。每一回出書，已不再是圓夢，更像是種證明，證明自己擅長這份工作，卻也證明自己難以靠其生活。

在困頓至極的時刻，多希望有個人能看著我，溫柔地安慰道：

「沒事的，你很棒了。」

無人出聲打氣，徒有獨自面對的自己。習慣戴滿口罩的生活，也藏掩更多情緒，故作堅強地眼望疆土分崩離析。直到數個月後，決心跨越海洋，透過這趟將要告終的旅行，抵達 Yachats 的海邊。

我好喜歡旅行，如果可以，真希望能一直當個背包客，走在旅行的路上。我也好喜歡此刻的自己，自在地奔行，在公路看遍良辰美景，也看淡離別相遇，始終將速度掌握手中。但所有一切，都會在抵達終點後，化作泡影，宛若此刻夕陽，絢爛過後，亦難以挽留。我已經用盡全力，還是無從令最繽紛、最自由的自己，留在未來的人生裡。走過的路再豐碩，似乎也只能成為回憶，無法成為明日的指引。

夕陽隱入海面，生死未定，而一個作家也黯淡無光，淹沒千頭萬緒裡。

準備離去，才驚覺身後始終有位披著紗麗的印度婦女，默默地在身後欣賞日落。

　　她面容親切，深邃的目光裡有著母親般包容一切的善意。望向我哭得紅腫的眼眶，笑容溫柔地遞出幾張面紙。她沒有詢問，我沒有回答，只是羞澀地點頭表示感謝，便快步爬上木梯，不袒露太多裂碎的自己。

　　餘暉散盡，地平線亦不再分明，浮沉浪裡。最靜默的時刻悄然而至，周遭尚未全然暗下，海霧朦朧已起，當流光溢彩都褪去，豔麗的色彩都消退，在塗滿漆黑之前，天空還是重新回到了藍。只是那樣的藍，不是盛夏的藍，抑或青春的藍，是在履過驚喜失落併同的旅程後，依然竭力記取最初樣貌的藍。隨後月亮登場，又或者，月亮未曾離開。夜裡來，夜裡去的人，怎能遺落月光？

　　旅社對街的餐館生意慘淡，閒得發慌的廚師倚著門口抽起菸，皺緊眉頭，神色漠然，似在等待打烊，我卻不作遲疑地走了進去。緊跟其後的服務生，只多看了一眼，便迅速收起對面擺好的餐具。菜單內容潦亂無章，我還是點了碗其實早已喝膩的巧達濃湯，和分量過多，亦不健康的炸魚薯條。

　　最飽足的、最便宜的，都讓這個日復一日，司空見慣的孤夜，成為最漫長的。

Coastline _____ #3

　　無法成為一座燈塔，卻還是和燈塔很有緣。

　　大概是因為規劃的自駕路線，沿著太平洋彎曲撓折的海岸線。捨棄來時平直又易行的公路，刻意在這條向南的道途上選擇迂迴。我不知道有多少人會像我這般，花上四、五天的時間，讓窗外溢滿海洋，但對於一個自出道以來，便自詡為浪的男孩而言，這就是畢生夢想般的駕車體驗。

　　海岸的遼闊變幻多端，同一片海，切換角度，都有著不盡相同的光景。倘若為著每一次的誘惑停車，那麼這趟路永遠也駛不到盡頭；倘若總是期待更好的景致，而一直路過，一直錯過，那麼就算到了盡頭，似乎也找不著最嚮往的風景。人就是這樣矛盾，像在海邊撿石頭的小孩，不斷拾起，不斷丟棄，一不小心便讓自己的世界過於安靜。

若說海岸線上偶爾會出現的顯眼標的，當然就是燈塔。

放眼俄勒岡州總長約 580 公里的海岸線，如今還保留的十餘座燈塔，多數仍在運營，但大多不對外開放，其中又以蒂拉穆克岩燈塔（Tillamook Rock Lighthouse）最具神祕色彩。孑立於距離海岸一公里外的礁石上，遺世獨立的它，因為長年受浪潮侵襲，導致過於昂貴的維修費用，便從此被遺棄，不再放著亮光。曾經拯救無數過路客，指引迷航者方向的燈塔，卻無力拯救自己，像被囚禁的鬼魂，困守昔日的鋒芒。這是座無法到達的燈塔，只能遠遠地從海岸這端透過望遠鏡眺望。迷霧重重的海面上，人們可以遺忘，它卻無法離開，一切的解方只得倚賴時間，靠光陰抹消痕跡，復歸原貌。

為數眾多的燈塔中，我個人最喜愛的當屬赫塞塔頭燈塔（Heceta Head Lighthouse），以十八世紀末探索太平洋西北區域的西裔探險家 Bruno de Heceta 為名，在外觀上，屬於保存較為良好的一座。如今它的所在位置被規劃成州立公園，不僅遊人如織，管理也顯得完善，或許正是因為這樣，才能在燈塔功能日漸式微的今天，妥善地留存下來。

　　猶記得抵達的那天早晨，偌大的園區裡空無一人，只有我和止不盡的呵欠。揹起背包順著小徑朝燈塔走去，據說百年前，總有負責守護燈塔的人住在附近。燈塔所在之處，通常極度遙遠，脫離文明，這些家庭便組建起一個自給自足的小型社會。在僻遠之地，把絢爛留給天空與海洋變換，他們的生活則能歸於平淡，點燈滅燈之間，日子也悄聲翻頁。

　　我無法想像這樣的生活，卻又不免生羨。隔絕了外在的喧囂，專心致志地做著自己的本業，這絕對稱不上最棒的工作，卻是沉穩踏實的一生。

　　燈塔家族當年居住的屋舍，如今已被改建成公園職員的住所，也有部分房間搖身一變，出租給遊客體驗。在功能性質上，其實與百年前並無相差太遠，但當我看著一名穿著園區制服的工作人員，睡意朦朧地推開大門，慵懶地坐在門廊前的臥椅滑著手機，我知道許多事情還是無可避免地改變了。慶幸的是，爬過塔旁山坡，居高臨下的視野，應當是未曾更動的。

　　卸下行囊，席地而坐，我能著實地感受海風拂過的輕逸，濤聲絮語，自帶節律。好奇當年依著燈塔住的家庭，在抵達這裡之前，是否也曾依著別座燈塔？他們是否像電影《遊牧人生（Nomadland）》裡的主角 Fern 一樣，居無定所，總在游移？只不過他們停留的時間更長，或許他們也常在無數個風光秀麗、陽光和煦的早晨，閒坐山坡上，凝望眼前紅白相間的燈塔。不論人生正在哪個階段徬徨，似乎也總能從燈塔身上借些光，照亮自己的悵惘。

　　說了這麼多燈塔，其實整趟海岸公路旅程裡，最有緣分的還是在新月城（Crescent City）下榻的燈塔飯店（The Lighthouse Inn）。來到此城，便代表離開了俄勒岡州的範轄，重返加州的懷抱。說起燈塔飯店的取名由來，不僅因為鄰近電池角燈塔（Battery Point Lighthouse），飯店本身建築的色彩也就和這一路而來途經的燈塔一般，有著紅色的屋瓦、雪白的牆身，只是在光陰流轉下，略顯老態。酒店裡處處充斥著陳舊的氛圍，房間雖然乾淨，但各種設備都顯得過時。儘管如此，卻是這趟旅行裡，數一數二舒適的住宿體驗。比起那些良莠不齊的連鎖品牌旅館，與燈塔酒店的一夜情緣，至少心滿意足。

　　我不是那個年代的人，無從懷念一個不屬於我的時代，但我從不介意翻閱那些斑駁的故事，有時也能透過這樣的夜晚，在過去的故事裡，尋得現在的答案。

　　當然，我也不免俗地，在天光將盡之際，開車來到能遠眺 Battery Lighthouse 的觀景臺。

　　這是座很特別的燈塔，建於 Crescent City 海灣的小島，若要步行前往，務必得謹守退潮時分，據說偶有遊客因為忘記時間而受困島上。

　　津津有味地嘗著從泰國餐廳買來的海鮮紅咖哩，眼前的夕陽不偏不倚地落入海面。

這一次，我不再感傷，也學聰明了，悠閒地坐在車裡，扭開收音機，調頻至當地專門播放老歌的電臺，搖下車窗，讓海浪參與每處旋律起落。橘紅晚光染上臉頰，直望有些刺眼，卻又溫暖。我努力地睜大雙眼，見證白晝終了，感受韶光流動，感受所有無可名狀、難以言說的情緒。某些時候，不免勾起片段記憶，關於離開的人、未盡的夢，和難癒的傷，我總希望生活裡許多往事都能告結，但遲遲留在原地，又不願轉身遠走的，每每是念舊的自己。

　　已經分不明這是背包客旅程以來，第幾顆獨自觀賞的夕陽，也搞不清這是路過停駐的第幾座海灘，卻是頭一回，能夠如此平靜又淡定地，與結束相擁。

　　不遠處的燈塔亮起光，湧起的浪潮阻斷相連的路。黑夜來得急促，每個兀自奔赴的夜晚，我們也都成了孤島。轉開方向盤旁的大燈，這是在長路半途裡，寄託依賴的光。照向燈塔，作為回應，也是感謝。

　　如果可以，我還是想，帶著借來的光，渺小又堅毅地繼續走下去。

海天相連，碧波萬頃，一望無際的蔚藍教人沉醉。

加州的海，宛若夢境，當我醒來時，卻發現自己再度為綠意包圍。身邊立著一棵棵參天巨木，直上雲天，那樣的高度已無法量測，龐大的數目也難以計數，原來我又不經意地走入一座森林。暫時作別逶迤的海岸線，這片山頭恍若旅途中的闊別重逢。即便未曾來過，也常耳聞它的姓名——盛名遠揚的紅木國家公園（Redwood National Park）。

駛離 Crescent City 時，天剛破曉，東方漸明。今天有大段路程要開，而我也想把握早晨的靜謐，朝山裡去。把車停在公園著名的 Lady Bird Johnson Grove 棧道前，引擎關閉後，便幾近無音。倘若仔細傾聽，仍能耳聞山風撫動綠葉，簌簌作響，更別提那份一路伴隨，堆疊積累，過於深重的寂靜。

深怕驚擾樹林，便將每回邁開的步履，都走得慎微仔細。大地還在熟睡，晨曦也沒能躍過山頭。放眼望去，天邊影影綽綽，彷彿有光，此刻仍在攀升，尚未抵達。這份沉靜顯得有些壓抑，但追根究柢，是我這個訪客過早抵達了這裡，因此比誰都更有責任去保全這片安寧。

　　沿著棧道前行，許多巨木都為數字標記，除此之外，卻沒有任何展板簡介來歷。或許是一紙文字道不盡，無法鉅細靡遺地闡述久遠的生命、眼裡看過的世界，和歷經的大火餘燼。又或者，樹木其實有所保留，不願交代太多細節，與其掏心掏肺地傾訴，倒不如等著有緣的目光走近。

　　這些紅木，又被稱作紅杉，是世界上最高的植物，最早在一億六千萬年前，就已可見蹤影。受制於氣候及土壤的條件，多數紅木都消亡於冰河時期，如今僅餘存北加州的海岸線能見到它們高聳的身影。這片蓊鬱山林，雖是紅杉最後的據地，倒也成為動植物的樂園，有著許多珍稀的瀕危種生物，安然自在地生活於此。

　　話說回來，就算真有告示牌，後人也只能用各種數字介紹一棵古樹，包括高度、寬度、年紀，卻無從深入它的內心，更遑論那些自公元前便已開始書寫的故事。人們慣常以數字丈量事物，營營役役地在數字壘砌的城市裡，追求由數字形塑的生活，又該如何理解一場得耗費千百年，甚至億萬年的成長？好強的人們，究竟要如何才能明瞭，不爭奪較勁，本分地令自己悄然茁壯，方能長成值得景仰的模樣？

　　道理說來簡單，卻難以落實，但每回走近一棵樹，總感覺能從它的身上領略許多。

　　我承認自己並非一個山男孩，因為不放心把孤身自己丟入山林。但疫情肆虐期間，也確實常往山裡跑，試圖在森林裡重拾日常缺漏的平靜。雖說大山的餽禮無法亙久延續，至少在當下，能稍微縫補失序的生活，也能用來提醒總是匆忙的自己，放緩步履，記得呼吸。與此同時，倒也發現許多人總為山林帶來不必要的喧囂與名氣。若非誠心實意地愛上一片風景，那麼用再多相片留影，也只會顯得生硬冷冰。走進森林，從來不是為了帶走什麼，藉由它去得到什麼，而是為了學會心存感激，能有幸活進這片美麗的自己。

　　或許，在 Redwood 度過的早晨時光是過度安靜了點，但仔細想想，這又何嘗不好呢？

　　離開公園後，又將沿著海洋邊緣南行，下回再走進森林不知道會是多久後的事情。然而眼下疫情絲毫未見緩解，或許很快就會回來吧。

百餘公里之外的洪堡紅杉州立公園（Humboldt Redwoods State Park），是另處以紅杉聞名的景點，其中最知名的當屬巨人大道（Avenue of the Giants）。駛上這條長約五十公里的林間道路，放慢速度，放寬思緒，舒心地欣賞沿途一棵比一棵還高聳的巨木。某些時刻，我忽然感覺罪惡。行駛而過的這條道路，在建造之初是否也奪去了森林最為原始的樣貌？但轉念一想，倘若沒有這條路，或許永遠無法走進這片茂密樹林。所以我更珍惜了，這份得來不易、碩果僅存的綠意。

　　和早些的 Lady Bird Johnson Grove 棧道不同，大道兩側的巨木顯得更加密集。午後時分，加州陽光理當溫煦，濃密的樹蔭卻藏起天光，某些角落甚至看來幽寂。若非前人修築的道路，望不見天空，也無從辨別方位的自己，還真不知道該往哪去。

　　就在即將駛出巨人大道之際，意外地發現自己始終戴在外層的不織布口罩消失了。

　　雖然不是多麼高貴的東西，卻有著無可取代的含義，打從旅程初始，它便陪著我離開家鄉，遠赴海洋這端，也走過大半公路旅程。坦白說，我也驚訝於自己的沮喪，難道一直無法結束的疫情，已經令人神智不清，竟會為了區區一片口罩的遺失難過自責。坐在車內，百感交集，努力回想途經的記憶。也許是下車拍照時不慎掉落，但這一路走走停停，又該如何找回當初停靠的位置？若是掉頭就走，顯得有些忘恩負義，於是我決定將車調頭，重走一趟巨人大道。睜大雙眼，試圖在遍地落葉裡尋獲那毫不起眼，卻擁有獨特意義的事物。

　　想當然耳，並沒有找到。

　　我只能失望地離去，盡力抑制心中湧起的愧疚，某一部分的我卻被永遠留在這裡。這些年的旅行裡，我也難免粗心大意，不自覺地遺落一些事物。分離總是倏忽而至，甚至來不及告別。看似收穫滿盈的厚實行囊，也是因為先落下了些什麼，才有空間裝進新的相遇。

好友在 Line 的一頭安慰道：「也許那片口罩很喜歡當時的風景，便決定下車了。」

我們都心知肚明這段對話何其荒謬，誰也不該為著一片口罩自怨自艾。但這樣去想，確實感覺好些。在旅途中總是丟三落四的我，其實從未真正失去什麼。遠走的人也好，遺失的物品也罷，都是自行選擇離開。原因不明，無從考據，也許戀上一處新的風景，也許沒有這麼多的也許，就是緣分已盡。而身為旅人的我，終要前行。後會無期，是踏上長旅前就了然於心的宿命。

親愛的，我不會再遇見你了。

我已駛出那片樹林，那片令我不斷仰望，卻從來見不著天空的樹林；那片讓我頻頻回頭，始終遍尋不著，徒留幽深無盡的樹林。

我很傷心，卻又感激，我要重新回到自己的遼闊裡。

Coastline ──────────────── 〰〰 #5

　　數不清的講座場合裡，聽眾們總是好奇，我最喜歡的地方是哪裡。

　　這是個極其繁複，且不易作答的命題。以經歷來說，走過的地方不計其數，以個性來說，我本來就鮮少討厭一處地方，總能在每座城市裡找著喜愛的理由。況且每年想法都會改變，也很難造就一個歷久彌堅的標準解答。不同年歲和心境的自己，在回看旅程時，總會在記憶裡撈出一些新的愛好。不過確實有個地方，在心裡始終擁有特別的位置。它是如此遙遠，難以到達，令人嚮往，又讓人失望，那便是北加州的雷耶斯角（Point Reyes）。

頭一回去 Point Reyes，得回溯至 2019 年末。

那時世界仍正常地運行著，沒有人注意到幾個月後，一場世紀災難即將襲來，像極了暴風雨前的寧靜，而我與舅舅同行，駕車朝這處海角天涯前進。車行過程裡，舅舅講起數十年前，自己也曾與朋友驅車而來。本來計畫前往優勝美地國家公園（Yosemite National Park）的他們，因為同伴的臨時提議，便改往這座路程較近的風景地。沒料到，在那個沒有導航，倚靠紙本地圖辨位的年代，不斷在途中迷路的他們，竟花上比前往 Yosemite 更久的時間才抵達。不知道這段深藏舅舅腦海裡的回憶，如今重新播映，是記得開錯路時的爭執與埋怨，還是記得年輕時與好友出遊的自在與快意，但無論如何，我想 Point Reyes 的風景，應該不曾被遺忘，因為它實在太美了。

那是個遙遠到不能更遙遠的地方，無盡的道路連往突起的海岬，末端則有座孤伶伶的燈塔。

要前往的唯一方法，便是爬下陡長的階梯。好不容易抵達，尾端除去燈塔外，便再無他物。環視四周，皆為海包圍。晴朗無雲的天空裡，氣氛卻顯得壓抑，只有海面間或幾聲船鳴。浮沉的波浪，源自何方，又欲往何方？所有的問題在這裡都無法被解答，這是我走過最像世界盡頭的地方，卻也驚詫，原來窮途末路後的風景，竟是這般美麗。但話說回來，或許是有人作陪，當時我只是發自內心地讚嘆眼前風光，而忽略起景致背後，過度沉重、教人窒息的孤寂。我並不確信若是隻身來到這裡，還能否妥善地消化這份情緒。

事隔兩年多，重返加州，卻是與上回截然不同的體驗。

疫情席捲世界，生活不再是人們熟悉的形樣。數著日子，還稱不上苟延殘喘，可是每一步，也都走得徒勞掙扎。

二訪 Point Reyes，依舊有人同行，這次搭乘表姐的車，與另外兩位友人相約前往。不比上回豔陽高照的好天氣，這回天空布滿厚重烏雲，在耗費將近三小時車程，千辛萬苦地駛抵後，燈塔是見著了，接往海角的長梯卻已然關閉，原來參觀時間不巧剛過去十分鐘。期待落空之餘，只能遠望燈

塔，而無法走近。一同前來的朋友 Alice 最為扼腕，這早已不是她首次撲空。我也覺得惋惜，畢竟這裡實在過於遙遠，誰能說準下次相逢會是何年何月。

離開 Point Reyes 前，車裡裝滿失落的情緒。順路繞去鄰近的沙灘，它應該有個名字，我卻想不起來，但我仍清楚地記得那天傍晚，一行四人帶著因為相同原因產生，卻程度不一的遺憾，從海灘望向灰濛濛的天。有一瞬間，陽光似要穿透，卻又無功而返，那終究是趟陰鬱頹喪的旅程，由始至終都沒有改變。

幾週後，我展開獨自的公路旅行。

五千里的長途，風景再繁多，終究是路過，鮮少能謹記心中。但當我望向鏡面，倒也能在自己的身體裡見著沿途的記憶。黝黑的膚色，來自炎烈的陽光；猖狂的痘，則得於過多的速食果腹。除此之外，似乎未見太多變化，可我知道自己確實在最恰當的時間踏上長旅，只是仍需更為嚴謹的字句來細作描述，究竟這趟旅程何以營救了我。

離開 Humboldt 後，眼見天光尚明，我忽然有股念頭，不如再去一次 Point Reyes。

　　雖說不算順路，倒也不需專程繞上多遠的路，也許再給自己一次機會，就能像疫情前那樣，在世界盡頭，重新尋獲記憶裡的美好呢？

　　然而，人生總是事與願違。

　　隨著車子逐漸貼近目的地，天氣也愈來愈糟，陰沉的雲層裡，落起滂沱大雨。對比總是陽光普照的加州，這場雨簡直有如嘲謔，實屬罕見。雨刷轉速再快，也趕不及水珠墜落的速度。視線茫然裡，我只得將車速放慢，甚至想打退堂鼓，揚長而去。不如意的風景，不看也罷，既然知道抵達後會有多麼心碎，那麼何必還飛蛾撲火般地奔向悲壯的結局？

　　但我還是去了，這便是身為一個作家的責任與本意。

　　雖然車行前方真如預想，凡事萬物皆為雨霧籠蓋。但至少這次，我被允許走下階梯，走進迷離。海霧太濃，教人無法望見燈塔的身影，我一階階地款步而下，卻難以斷定眼前仍有風景等待著自己。

　　直到看見熟悉的塔身，才得以篤信，這裡依然是那處遙遠的海岬，世界盡頭未有變迭。

但在惡劣無比的天氣裡，就連燈塔都要失去作用。周遭空無一人，唯有我身，躑躅於這處孤獨至極的角落。伸出雙手，撫過被海風和雨水漫漶的塔壁，我的能力局限，無法擁抱這座龐然大物，但在看遍海岸線上的燈塔後，心裡也存有借來的光，得以在霧鎖煙迷的當下，給予彼此溫暖。

是不是到了青春的末尾，人就會變得多愁善感？

是不是朝著夢想奔去的熱情，在褪去年少的衝勁後，也會日漸褪盡，連帶把曾經好惡分明的個性，打磨成一個只懂忍讓的自己？

興高采烈的造訪，最終還是成了黯然神傷的告別。美好的想像一去不返，終究只能懷緬，追憶回不去的年代，和回不去的自己。雨勢如注，而我無傘，只能任由衣裳與背包斑駁水中。陣陣船鳴自迷濛海面傳來，我爬上長梯想要逃離，卻仍迴盪耳畔，久不散去。一直說服自己，風雨兼程的生活終會過去，卻又總是迎頭撞進壞天氣。

直到今天，我仍常常想起 Point Reyes。

我喜歡它，不是因為它待我良善，而是因為它曾領我看過最難忘的風景，又在試圖重返的過程裡，誘使我出發，又令我灰心，只能任由遺憾埋下，始終無法在來年萌芽成花。但我仍深深地記著第一次來到 Point Reyes 的感覺。那是當所有事情都保有秩序，我也對未來懷有熱忱之時。天空和海洋如此湛藍，令人心馳神往。只是換上不同氣象，曾經絢爛的色彩，都只剩下眼底的灰白。

寫一篇文章獻給 Point Reyes，這是身為作家的自己，所能做到最浪漫的事情。

我還回不去那樣的美麗，也解不開那樣的孤寂。既然從來不是個擅長答題的人，不如就把回憶化作文字，把文字託付時間，在還未能抵達的明天，等著更好的自己，去重遇，去釋疑。

向南的旅程，乘載過多寂寞與憂傷，總算在重返灣區的舅舅家後，消停數日。

擱下沾滿水漬與泥濘的行李，回到熟悉的房間，將身子呈大字型地躺在舒服的床舖上。漸漸地，我已忘記途中留宿的老舊旅館。那些散不去的霉味和難眠的長夜曾一路尾隨，此刻似乎都被拋在後頭。

幾天後，已將心態調適完全。溫暖的加州陽光如約照亮屋內，但我又要出發，一個人朝著公路末端前進。能在迢遠的旅途中，擁有一個能半程返回的家，堪稱最幸福的事。離開前，舅媽替我準備分量充足的零食，舅舅則幫忙檢查車況，也順便補充水箱。我熟練地將行李放進後車廂，也熟練地揮手道別，車裡放著鍾愛的獨立樂團──Hollow Coves 的 Coastline，順著預先設定的導航，轉動起方向盤，緩慢地提速，看著舅舅家在後照鏡裡愈來愈小，小到能隨時遺忘，也能記入心上。

「 *I'm leaving home for the coastline, some place under the sun.*
（*此刻離家，我要啟程往海岸線去，那裡總是陽光普照。*）
I feel my heart for the first time, cause now I'm moving on yeah, I'm moving on.
（*這是頭一回，我能深感內心，只因為我正要出發，正在前行。*）」

主唱澎湃地唱著，聽者的心卻湧現一股不合曲調的惆悵。

這已經不是第一次離家，這也不是我真正意義上的家，但還是有股難以言表的哀愁，令心頭酸澀。隨著歌曲播畢，而我亦無法在視線裡望見熟悉的屋舍，好像自己就真的長大了。儘管遠行的下一站不算太遠，只是一個鐘頭車程外的濱海城市──聖塔克魯茲（Santa Cruz）。

這大概是最接近美國夢的那種地方。

沿著中心街區的太平洋大道（Pacific Avenue）漫行，天色尚早，店家多半大門緊閉。路旁商店的櫥窗裡，堆放起滿山滿谷的絨布玩偶，縫製的笑容看來真心，比誰都雀躍地期盼新的一天開啟。逆著晨光，把路走到頭，便能接往海濱。洋面風平浪靜，為數不多的衝浪客沐浴陽光下，隨著悠緩的波浪起落，心生蕩漾。我常常在想，只有身處大海，才能真正地看懂一片藍。

若想捕捉更多乘風破浪的身影，得去燈塔角（Lighthouse Point）。

鄰近的衝浪博物館雖然休館，但紀念碑上前人勇敢逐浪的故事仍在訴說。從館前綠地的觀景臺向外望去，就能見著更為開闊的大海。等不著大浪，衝浪客們只得倚著礁石休息，這似乎不是個適合躍過浪頭的早晨，更好的姿態，應當學習海灘上休憩的人群。他們或坐或臥，盡情地晒著陽光，任由豢養的狗嬉戲跑跳，鬆開綑綁彼此的韁繩，誰都能自在地玩耍。

日光漸盛，笑逐顏開，這個早晨只有美好，沒有匆忙。我尋了張長椅坐上，孤寂有時像是手裡帶有餘溫的熱咖啡，無法一口飲盡，需要找處地方，細心品嘗。

轉換視線，朝市區方向回望，就能看見萬里晴空下，更加彰顯色彩繽紛的樂園。

　　建於 1907 年的聖塔克魯茲海灘樂園（Santa Cruz Beach Boardwalk），那是當地的知名景點，也是老派美國風格的真實呈現。身為西海岸數一數二年長的濱海遊憩地，昔日輝煌並未隨著年代久遠而被淡忘，反而延續至今，規模擴張，成為 Santa Cruz 的城市形象，也詮釋起人們腦中對於夏天的美好想像。

　　如果沒有樂園的話，今天的 Santa Cruz 會是什麼模樣？或許就像這趟公路旅行所途經，那些海岸線上高速掠過的城鎮，有著各自的姓名與形狀，卻教人難以熟記，除了借來的遼闊，沒有令人留戀的理由。

　　午前一刻，飢餓感誘使我走進依著海洋搭建的聖塔克魯茲棧橋（Santa Cruz Wharf）。

　　筆直延伸的碼頭上，幾間餐廳正準備開門接客。以海鮮為招牌料理的菜單看來千篇一律，坐擁的風景也算雷同，於是我隨意挑選了間配色最順眼的餐館，並向服務生要了一處能遠眺樂園的戶外座位。紅通通的義大利麵裡有著不成比例的茄醬與蛤蠣，吃來飽足又空虛。幾隻海鷗掠空飛過，把弧線兜成圓圈，不降落，也不遠走。今天並非週末，樂園裡僅有部分設施運轉，但耳邊規律的浪潮聲裡，偶爾也能聽聞笑聲與尖叫，忽遠忽近，未曾間斷，又保持距離。

公路旅行裡，多數時間僅有自己相伴，總會很輕易地便耽溺過去。

浮生若夢，卻不是天馬行空的荒誕，反而是讓回憶裡的舊事，在腦海裡重新上演。

夢是如此瑰麗，對照現實，只凸顯荒涼。夢裡的地方與人們都已不在，我卻還能看見，只是相隔愈來愈遠。原來不是回憶棄我而去，是我一直奮力奔前，愈跑愈遠。時間從不下狠手，只蠱惑人們做出選擇，而選擇無關對錯，最終都會使人成長。青春就像座永久歇業的樂園，唯有在夢裡，才能不顧眼光，翻過圍籬，點亮熄滅的霓虹，喚醒生鏽的遊具，重溫一去不返的歡聲笑語。

九月中旬的加州，日照時間依然綿長，午後時光像能永遠延伸那樣，留不住，也用不完。

設施的開放時間倒是有限，因此我加緊腳步，步入樂園。路過正播著樂曲的旋轉木馬，禁不起誘惑地向小販購買限定造型的飲料杯，盛滿可樂，一鼓作氣地喝下，不計形象地大口打著嗝。抬頭一看，橫跨園區兩端的纜車沒有營運，但五顏六色的車廂並未收起，而是懸掛空中，像一段凝滯的歡樂時光。循著人群，我加入長隊，搭上加州最古老的木製雲霄飛車——大北斗星（Giant Dipper）。

　　身為園區裡最具人氣的遊樂設施，它已有百年歷史，更被列入國家級歷史地標。

　　紅藍相間的車廂，總在駛經軌道彎處時，發出刺耳的咯吱聲響，令人心驚膽跳。但我知道，每一回的攀登，每一次的俯衝，都能帶領我，看見平穩視角所見不到的景致。

　　年輕時的我會放聲大喊，鬆開雙手，讓失重感引領身體起伏。可是現在，我卻會藏起所有衝動，緊抓扶手，憋住言語，試圖抵抗下落。這也許是長大後的陋習，抑或下意識的防禦，但搭乘雲霄飛車的乘客，都沒有回頭路，只能靜待一切復歸平息。慶幸出發時的恐懼，和途中所有的驚慌失措，終會在到站後化作笑容。

　　頭髮凌亂了，心跳還加速著，儘管仍帶有些許暈眩，我很有可能還是會奔下站臺，用最快的速度跑進隊伍末端，像十幾歲時那樣，像二十幾歲時這般。總在歷經各種情緒後，笑嘻嘻地昭告世界，也告訴自己，再來一次。

　　青春，也許就在這樣的爬升與墜落中，不知不覺地就過去了。
　　但回憶，總在失速衝撞的瞬間，永遠夏天。

也許部分加州居民會出聲反駁，但我還是認為，17哩黃金海岸（17-Mile Drive），是我畢生見過最美的海。

　　從 Santa Cruz 續沿公路南行，不用花上多長時間，便會駛抵另座迷人的濱海城鎮——蒙特雷（Monterey）。

　　與 Santa Cruz 的組成方式形似，城區中心都圍繞著碼頭開展，生意最為興旺的店家及內裝最為氣派的飯店都坐落於此。翻閱歷史，上個世紀的 Monterey 以製作沙丁魚罐頭著稱，而當年規模最大的工廠，如今已改建成水族館，豐富多樣的動物展示，成為多數遊客到此遊覽的主要理由。展館前布滿紀念品商店的罐頭廠街（Cannery Row）顯得有些嘈雜，迅速地在星巴克以三明治填飽肚子後，我便轉往市區南邊的 17-Mile 而去。

　　顧名思義，17-Mile 並非單一景點，而是沿著太平洋修建，濱海公路的其中一段。

　　17 哩的距離，相當於 27 公里的路程，途中包含許多風光優美的賞景點，因而同樣成為 Monterey 觀光的必到之處。雖說是公路，但在頭尾兩端皆設有收費站，除了當地住民外，這不再是能隨心所欲出入的地方。猶記得表姐的友人對此頗有微詞，但花費十元美金便能盡享加州最美的海岸線，對我來說，還是相當划算的。

　　第一次造訪 17-Mile，那是好多年前，與家人一同參與的美西旅行團，途經的景點。

　　十天的行程，多半時間都耗在遊樂園和國家公園。回想起來，17-Mile 並未給予當時只是小學生的我太多記憶，但依稀朦朧間，似乎還能憶起那天，曾看見許多海鷗展翅高飛，而我抓緊媽媽的手，不知道總有一天得鬆手翱翔的自己，能不能那般自由。那年的暑假作業，我試圖用一整張畫紙來描繪這趟旅行，用上各種蠟筆替沿途景致著色，至於天空裡的飛鳥，則沒有遲疑地，選擇了藍色。

第二次前往 17-Mile，已是十幾年後，大學畢業前的最後長假。

即將卸去學生身分的我，與舅舅同行。我仍記得那天海風疾勁，寒風料峭的冬日，陽光卻絲毫不減。我們把車停在圓石灘度假村（Pebble Beach Resort），那是間附設高爾夫球場的高級飯店。我看著那些奢華的房間，心生許多嚮往。我不知道自己是否想成為穿著 polo 衫，能利用平日午後時光在翠綠草坪肆意揮桿的人。我也許只是盼望著，能過上一種無拘無束，自由灑脫的生活。

第三次來到 17-Mile，則是疫情前的最後一趟旅行。

拿到駕照後，總算能實現籌備已久的公路旅行。從洛杉磯出發，踏上加州 1 號公路，依著海洋北上，終點是灣區的舅舅家。前一晚留宿 Monterey 市區的我，隔天在開進 17-Mile 前，不忘先繞去糕點店，帶上一份甫出爐的瑪芬與紅茶，在西班牙灣海灘（Spanish Bay Beach）隨意找了張野餐桌，眼望開闊無邊的海，吃著最樸實無華的早餐。

出社會後，我並未成為自己預想的人，但似乎也沒有偏離太多，只是光鮮亮麗的生活背後，有著超乎設想的掙扎與辛勞。追尋自由的代價，唯有逐夢的人能懂，有些心情得以宣洩，但更多情緒，都還是藏起揹起，留給長路迢遠，去消化打磨。

四度回到熟悉的風景裡，藍海依舊，天空亦未減縮一寸遼闊。

將車開至整條海岸線上最喜歡的地方——狂亂之海（Restless Sea）。顧名思義，這是片不作止息，桀驁不馴的海，起因於此處礁石排列特別緊密，進而激起暴烈的浪花，總在躁動，幾無安寧。望向一旁，不遠處的岸邊立有一棵孤傲的柏樹，在風最顯剛強、海亦紊亂的地方，它卻依然扎緊根基，孑然一身地生長，心態安定，形態優美。

很多年前，甫踏進文壇時，我總愛在讀者的書本簽上這麼一句話：
「旅行，就是為了看見比別人眼中更藍的天空。」

  我一直以為，不間斷地出發，是為了在旅途中尋找更明豔，更透徹，也更純粹的藍。後來才明白，旅行也能替旅者重新定義顏色。迷失茂密山林的綠，陶醉絢爛夜色的紫，捕捉日升日落的橘，喜迎花朵繁盛的紅，送行事物凋零的灰。背包客生涯如同飛速轉動的萬花筒，每當暈頭轉向之際，又會念想再熟悉不過的原色。原來旅行不是為了找著最藍的蒼穹，而是在看遍世間色彩後，學會珍惜走過的每一片藍。

  這些年來，我在 17-Mile 駛過的路，遠遠超過 17 哩。但不論生活中無可定量的衝動，誘惑我走向世界的何處角落，似乎最後，都還是將我帶回心心念念的海洋。

  相識多年的友人，常在聚會時翻起舊相片，笑著說道：「這麼多年，你都沒有變。」

把未見起色的夢想堅持下去，究竟是歪路，抑或正道，始終無解。但我著實相信，年少時望過的海，和當時深存心底的藍，至今仍未褪色。我或許沒有成為想成為的模樣，但至少沒有妥協成為該成為的形狀。依然故我，熱愛著色，把小小的畫紙走成廣大的世界，只因為早已將內心塗成愛不釋手的色彩。

　　林清玄老師曾經說過：「海不是用來被人了解的，海是用來給人感動、啟示、聯想，乃至於生活的。」而 17-Mile 的海之所以難忘，是因為它總替我謹記，那些圍繞這片海，關乎出發與抵達的故事。

當浪潮拍打礁岸，激起水花，每一回的碰撞都是重生，亦是回望。卸落所有身分，褪去所有光環，站在大海面前的人，不是作家，不是演說家，不是旅行家，就只是個稚嫩青澀的男孩。目光有著難以斗量的勇敢，表情有著無法掩飾的魯莽，儘管懵懂，但年幼的他，比誰都懂得收藏。

望向一片海，從來不盼一帆風順的未來，只為無限延伸的蔚藍。

當路途將盡，你會期待迎向多麼壯麗的風光作為終曲，還是在大幕垂落前，轉念緬懷起途經的景致呢？我沒有答案，也快要用盡時間，而眼下這條英文簡稱 PCH 的長路，已然走過數回。

　　全名太平洋海岸公路（Pacific Coast Highway）的它，全長約 3800 公里，北至華盛頓州的西雅圖，南抵加州的聖地亞哥（Sandiego）。這回公路旅行的後半段，便是計畫沿著 PCH 一路南行。過程中，路名總在改變，路牌有時標記為 101 號，有時又改稱 1 號，但指的都是這條依海而建，綿長又壯美的公路。此行終點是南加州的洛杉磯，仍有些許路程，尚不急於感懷，在大勢底定的分別之前，理應還有許多故事留待相遇。

　　離開 Monterey，告別 17-Mile 心醉神迷的藍，海岸霎時轉變面貌，不再親切和藹，而是逶迤難行。路幅趨窄的車道上，車流量也明顯銳減。畢竟急於南北往返的行者，都會聰明地選擇貫穿加州內陸，筆直又寬廣的 5 號公路，靠著截彎取直的道路，節省寶貴的光陰。事先篩去趕時間的旅客，依然行駛 PCH 的人，除了當地居民之外，就是如我一般刻意放慢速度，想盡覽風光的旅者。這條公路本意其實不在抵達，與從容自若的旅人碰上了，便一拍即合。

　　距離駛抵下處繁華，尚有數百里的路程。

　　沿途風貌原始，人煙稀少，城鎮之間相隔遙遠，就連汽油、住宿、餐飲也都顯得短缺。若摸黑行駛無燈的山路，不巧遇上濃重海霧，可謂相當危險。但也正是循著這樣一段崎嶇彎繞，考驗車技的道路，才得以駛進 PCH 最美的區域——大蘇爾（Big Sur）。

　　嚴格來說，Big Sur 的界線並不明確，大多意指離開 Monterey 後向南約 150 公里的範圍。這段路程裡，有著極為險峻的海岸線。山脈高聳，徑直沒入海洋，蜿蜒的公路繫在山巒腰間，沿途盡見峭壁懸崖。每當覺得已無法向前之際，又會在轉角望見道路頑強伸延。過路人穿行險境，求之不得的獎賞，便是震懾內心的絕美。這處世界級的旅遊風景區，屢獲殊榮，曾被國家地理雜誌評選為旅人一生必去的地方，而著名的旅行指南 Lonely Planet 也這般描寫：「Big Sur is more a state of mind than a place to pinpoint on a map.（Big Sur 更像是一種心境，而不單單是地圖上的一個點）」。

　　儘管沿途收訊不穩定，倒也無需因為失去網路導航心慌。畢竟這條公路只有一處出口，既然下定決心出發，那麼眼底亦只有一個方向。路程雖遠，卻總有太多地方值得停留，旅人也得學會割捨，放手讓風景飛逝而過。有時刻意停駐的景致，不如預期那般美麗，但人總是在錯誤中學習。泊旅天涯的靈魂，應當明瞭自己需要什麼，褪去奔向一切的衝動，驛動的心也該學會有所保留。

　　不過有處地方還是必定要重訪的。

　　那便是 2019 年那回駕車北上，不在原先計畫中，只是隨意停靠，一處名為襤褸角（Ragged Point）的海岬。這裡有著簡易的餐館、旅店，以及價格高昂，卻情有可原的加油站。規模不大，像座專門為著公路誕生的城鎮，更是 Big Sur 難得一遇的歇腳處。

　　從商店後門步行數分鐘，便能來到 Ragged Point 的觀景臺，太平洋也在此毫不吝惜地展露它遼闊的面貌。想當然耳，Ragged Point 之名，意味著此處山海交會，並非溫和平順。太過年輕的海浪，幾乎是自毀式地直擊山崖，在消逝之前，費盡全力騰起巨大水花。平穩地出發，安然地抵達，不留下遺憾，不形成傷疤，固然教人神往。但身為一道浪，便注定起落，儘管衝撞前方是粉身碎骨，也總會倔強地奔往。

小心翼翼地翻坐欄杆，先將重心穩定，再把雙腳騰空。某一瞬間，自己像在飄浮，羽翼不全，不懂飛行，卻能懸浮洋面。海的這邊，是異鄉的冒險；海的那邊，則是家鄉的安逸。一顆舉棋不定的心，自然做不出選擇，只能繼續載著失衡的天秤，在濱海公路上馳騁。

年少時單純出發的嚮往，如今已化作而立年前的逃亡。漸漸地，我不再相信路途沒有終點，卻也說不準終點過後，還能有什麼風景等著。

事先並未查詢氣象預報，沒料到駛離 Ragged Point 後，天色竟起劇變。

我知道無論陰晴，自己都需要走這一段路，只為了在夏天結束前，抵達南加州的海灘，也替這趟公路旅行收尾。然而濃霧程度超乎想像，只得將車速放得更慢。遠光燈效果有限，照不明前程，視線裡終究是白花一片。循著標線，謹慎地翻過山坳，與此同時，窗外也徹底失去海洋，讓車行兩側都陷入迷茫，可我心底深信，只要向前行駛，終能抵達想去的地方。

只是有時也難免困惑。

明明旅程出發時，這條路曾如此廣闊，為何行至今日卻愈走愈窄？

無法成為厭惡的模樣，也不樂意做不喜歡的事情。透過這些年的努力，我找到適合自己，亦值得專精的道途，卻發現這個方向人跡罕至。前人已遠，身後足跡鮮見，靜寂的氛圍也許適宜潛心創作，但只要這顆容易顫動的心，稍顯憂鬱，安靜便過分壓抑，更讓這條本該只有一個方向的公路，變得鬱結難行。然而大半路途，都已履過，此時無論續行或回頭，都太長太遠。

短時間之內，迷霧是不會散了，就算消退，亦會回返。

這便是 PCH 公路的特色，也是原罪，因為它足夠貼近海洋。若要倚身遼闊，有時就得冒上這般風險，丟失一切，徒留恨惘。

無光無景的車程教人無精打采，昏昏欲睡。出於安全考量，我將車暫時停靠路旁。重新擬定歌單後，決定以 Lana Del Rey 的 Venice Bitch 作為序曲，再次出發。

「*You're in the yard, I light the fire, and as the summer fades away, nothing gold can stay.*
（你身處庭院，而我在旁燃火。夏日已然遠走，美好事物亦難永留。）
You write, I tour, we make it work, you're beautiful and I'm insane, we're American made.
（你寫作，我遠遊，我們如此合拍。你的美麗令我瘋狂，我倆是天生注定的美國人。）」

即便身為死忠歌迷，也鮮少在日常生活裡耐著性子將這首長達十分鐘的歌曲聽盡。

　　很難想像，在凡事追求效率的年代，人們真願意聆聽這般與時下趨勢背道而馳的音樂嗎？對比當今樂壇，總顯得格格不入又自成一派的她曾經說過，Venice Bitch 是首獻給夏日尾聲的創作，希望大家能在開車兜風之時，沉浸於電吉他與合成器構築的迷幻氛圍，將所有紛擾憂煩都拋下。

　　身為作家的自己，有時亦會好奇，如今人們還看得進一本數萬字的厚書嗎？

　　圖文的比例與質量愈趨失衡，是否創作過程裡的情節堆疊都已不再重要？走進書店的人，只想藉由虛實難辨的故事，帶走文末詞藻華麗、陳腔濫調的語句。對應上生活，便像飲了碗速成暖湯，淋了場人造大雨，把自己感動得一塌糊塗。沒有勵志心靈，反而日益萎靡。其實哪來什麼感同身受，不過只是譁眾取寵。

　　調大音量，搖下車窗，霧氣裡夾雜的冷風倏地吹進。不免悲觀地作想，或許直至長路盡頭，霧都不會散盡。對於那些為朦朧所掩，無法收穫的景致感到遺憾，但我也明白，即便在晴朗無雲的日子裡，同樣有些風光，視而不見。總有些出發，只為了抵達，那也曾經是我不明事理，患得患失的模樣。

　　十分鐘的歌曲，其實一眨眼就過去了。

　　倘若不記得啟程的原因，只是盲目地奔走，那麼就算十公里的路，也將永無止盡。

　　雲霧依舊迷濛，擋風玻璃和後照鏡構建的畫面裡冷冷清清，沒有陪伴，沒有方向。一時之間，車裡似乎灌進太多海風，像要吹散夏天那般。我並不介意，專注地蜿蜒著，隨口哼起旋律，好像那首不過十分鐘的歌曲，可以唱到永遠。

在印象中，莫羅灣（Morro Bay）是 PCH 沿途最漂亮的濱海小鎮之一。

兩年前的造訪留有太多美好，迄今仍深印腦海。自海濱眺望，有塊巨石矗立，那是當地最為出名的景觀——莫羅岩（Morro Rock）。這並非太熱鬧的地方，只是座人口不多，以漁業及觀光為生的城鎮。放眼望去，便宜或昂貴的飯店不計其數，散落碼頭周圍。寧靜又美麗的氛圍，吸引許多如我一般的遊客，明明可以趕路至更繁華的城市歇息，卻心甘情願地在此度過一夜。

打從路過 Ragged Point 後，壞天氣就緊緊相隨。

天色漸晚，當我終於在車行前方瞥見 Morro Bay 的路牌，駛向城鎮，霧氣卻不願消退。與一場夕陽無緣，濃霧滿布的晚空，細看還有幾縷詭祕的紫，像在預示什麼。開進事先預訂的汽車旅館，從空蕩蕩的車位看來，並非生意興隆的一天。睡眼惺忪的老闆悠悠慢慢地從鐵櫃裡順手摸了串鑰匙，簡單地交代注意事項後，便用手指比劃了方向，放我自行上樓尋房。

推開厚重卻又鎖得不夠嚴實的房門，迎面而來一股長年蟄伏的霉味。室內裝潢與網站例圖看來相去不遠，卻又帶有不得明說的怪奇。我伸手拉了天花板上的吊燈，毫無動靜。室內燈光不夠明亮，只能憑藉窗外所剩無幾的日光，摸清家具的擺設脈絡。當我試圖拉開百葉窗，葉簾卻一片片地掉落，年久失修不再是種錯覺，而是真實發生眼前的事情。

長嘆一聲，這也不算什麼大不了的事。背包客生涯裡，我住過更差的旅店。

況且，有處地方能遮風避雨，不用冒著被驅趕的風險睡在車內，雖然付出與得到的總是不成正比，似乎也只能當作恩惠。

順著支離破碎的百葉窗朝外望，路燈昏黃，照映馬路寥落，小鎮的夜來得又快又急，不留情面。來時路上赫然想起，今晚是個中秋夜，可此時的我，視線裡卻不見月圓。

很多年前，大學畢業時踏上的沖繩之旅，也適逢中秋連假。

本打算過完節日的隔天再行啟程，卻不慎將機票訂成中秋節當日出發。就這樣，一個總是與親友團聚，圍著烤爐言歡的夜，我卻孤身住進那霸市郊，一座便宜又擁擠的青旅。狹小的房裡，塞滿陌生臉孔。僵硬床板令人輾轉反側，難以入眠。於是我起身走至窗邊，望向晚空，月光皎潔。大廳裡仍嘈雜著，喧譁裡偶聞陣陣三弦。我告訴自己，再也不過節離家，這是身為旅人應盡之責。

沒想到，這些年過去了，又栽在同樣的錯誤上。

原先打算在舅舅家過完中秋，再行出發，卻因為搞錯日期，便淪落到一個人住進 Morro Bay 的長夜。這本來也不算多差的壞事，倘若港灣景色宜人，而我閒坐海邊，吹著舒爽晚風，靜望暮色西落，再迎來明月清輝，我相信隻身度過的中秋節也還湊合。然而事實上，已經走過太長旅途的我一貧如洗，就連抬起頭想尋求救贖，霧鎖煙迷的夜裡，連月亮也沒有。我悵然若失地癱坐客房地板，碎裂有如身旁墜落的葉簾。想打通電話給遠在海洋那端的家人，卻又捨棄念想，也許是佳節氣氛使然，那一刻，我突然好想回家。

從未在旅人生涯中這般強烈地思念家鄉，甚至為此落淚。可能濃霧也給予偽裝，讓我止不住地啜泣起來。一時之間，情緒得以發洩，哭完了笑，笑完了哭，這已經是數不清第幾回在這趟公路旅程裡哭泣。屢屢證明，我真的不是太堅強的人，原來可以很輕易地就越過那條曾以為遙不可及的線，原來只是顆望不見的月亮，就足以讓長年羈旅的靈魂破防。

不知道這樣沮喪了多長時間，總算重整好自己。擰開水龍頭，熱水不夠溫暖，冷水過於冰寒，在浴室鏽痕斑斑的鏡面前洗了把臉，換上厚重外套出門，意欲往海邊走去。太多自找的憂傷，使人心煩肚飢，前者一時片刻無解，至少後者能靠美食緩解。或許是週間緣故，又或許是夜雨未歇，碼頭邊的餐廳多半大門緊鎖，關燈打烊。循著碩果僅存的燈光，走進一間人聲鼎沸的餐館。鄰桌正在舉辦生日派對，店員也熱情地邀請其他客人一同歡唱。

他們不知道今天是中秋節，在我們的故事裡，也是個團聚的節日。

不久前，我還宛若微弱燭火，隨時會為寒風熄滅，而現在，我卻分享所剩不多的溫暖，獻上祝福。儘管自覺像是宴會裡不請自來的客人，表情尷尬地拍著手，卻還是出聲附和地唱完整首生日快樂歌，然後我們又變回一桌桌的陌生人，回到自己的旅程。

翻開菜單，驚喜地發現一直在尋找的Cioppino，竟是這間餐廳的招牌菜。Cioppino是種帶有美式風格的義大利菜，該詞在義語中的含義為「剁」，也暗示這道料理的製作過程。將包括螃蟹、鮮蝦、干貝……等多樣海鮮混入番茄碎末，再加入魚湯細火慢燉。熱騰騰的湯汁嘗來美味，種類豐富的海鮮也熬煮得恰到好處，是我在連吃數天速食店的垃圾食物後，難能可貴的欣慰。

派對一直持續，戴著滑稽生日帽的小女孩被淹沒在人群和面前包裝精美的禮物裡。個頭矮小的她捨不得拆，也還來不及拆，她太忙碌地笑著，合不攏嘴。我忽然起了念頭，於是舉手向店員要了菜單，不是特別鍾愛甜食的我，今晚決定給自己來份糕點。拿著本該用來切肉排的利刀，小心翼翼地將起司蛋糕切成一個圓。餐館裡，不會有人懂我在做什麼，但將成品拿在手裡，咬入口中，我也開心地笑了。

吃完晚餐，推開大門，重新返回街頭的清冽與寂落。

　　碼頭裡停滿船舶，風帆都已妥善收起，這靜悄悄的夜裡，無人有意遠航。回程路是段上坡，卻比來時走得輕鬆。路旁種滿高聳的棕櫚，濃霧迷茫裡，竟顯得張牙舞爪，催人賦歸。沿途經過的每間汽車旅館，都亮起寫著 VACANCY(尚有空房) 的霓虹字樣，不禁教人揣想，這一晚，有多少旅者自願困在路上？

　　這夜再難熬，我知道幾個月後，也不過是個能在演講過程裡輕鬆訴說的故事。臺下聽眾也許認真投入，或許眼神空洞，看向投影片裡 Morro Bay 的畫面，也不會有誰能臨摹出一個異鄉中秋夜的糟糕與絕望。只是在所有的漫長成為風輕雲淡前，願你也懂，如今讀來平泛的語調背後，也都曾是我說不出口，亦無法分擔的哀愁。

　　隔天清晨，鬧鐘未響，而我已先一步醒來。

　　倚著窗臺，灰濛濛的天色裡，海霧太過貪婪，奪去昨夜的月光，竟又想藏匿今日的曙光。走下樓梯，將鑰匙投入鐵箱，哐啷一聲，恍若巨響，是這平靜城鎮紀錄以來的最大碰撞。無人看守的櫃檯旁，泛黃的日曆已預先撕去一張。

　　這一頁時光，也令月亮缺角，誰都不再圓滿，卻也都會釋懷。

　　當車開過拉斯克魯塞斯（Las Cruces）這座不知該怎麼發音，也不知作何形容的城鎮，打從離開 Morro Bay 後便盤桓山間的公路，總算接回海洋，再次靠攏遼闊。PCH 亦無聲地宣告，歡迎來到南加州。

　　長時間的旅行，途經多樣地景，也宛若穿行不同情緒，但無論什麼樣的心情，都不比回到海洋教人安心。一路跟隨，難以擺脫的雲霧，也終於停在山坳，不再百般痴纏。重新擁抱藍天的視野裡，道路兩旁的風景亦鮮活起來。陽光將棕櫚樹影映入車內，而我陶醉於窗外飛掠而過的海濱，喜迎熟悉的加州回歸。欣悅之餘，心裡也閃現一絲憂愁，終點洛杉磯已不算太遠，這意味著旅程也將要完結。

　　當然，旅程本有結束的一天，對於偏偏是旅人的靈魂而言，是再熟悉不過的課題。但倘若要道別的不僅是一趟旅程，而是行在路上的青春歲月呢？

答案尚未映現，寫有聖塔芭芭拉（Santa Barbara）字樣的路牌，早一步先闖進雙眼。

　　離開灣區後這一路南行，也在抵達 Santa Barbara 後，正式駛進 SoCal 的範疇。

　　說個笑話，以前始終搞不清 SoCal 的真實含義，自作聰明地以為那代表 So California 的縮寫，為此愛不釋手任何標有 SoCal 字樣的紀念品，認為那便是加州精神的體現。後來才發覺，原來那意指 South California。雖然搞了點烏龍，但胡亂購買的商品亦不浪費，因為我確實深愛著南加州，愛著它風和日麗的好天氣，也愛著它自由奔放的性情，當然還有那些以此地發想編寫的音樂及電影。

　　靛藍明淨的天色裡，總帶有如夢似幻的美麗，夏天就像永不退去。遊人至此，若把眼裡的一幕幕都詳實記載，再平凡的旅程，似乎也都能成為最偉大的作品。因此我很早便決意讓這趟旅程在南加州收尾，告結於一片廣袤裡。

　　而在一切變作回憶之前，希冀最後回望這趟行旅，腦海裡能浮現絢爛的晚霞，一如我曾於 2019 年末，在 Santa Barbara 看過的那場，幾乎得以稱作迄今所見最美的夕陽。

　　日落時分，起初仍顯蔚藍，色調的改變過於細微，教人難以察覺。況且眼前太多畫面正在發生，亦讓目光分散。波浪浮沉，海鷗飛翔，歡快人群穿梭在漸被染成金黃的碼頭上，再也找不著比這裡更合宜的角落來作別白晝。回過神時，遠方群山亦為天光圍裹，最燦爛的時刻已然到來。轉瞬間，落日便沉。遠道而來的浪，忽深忽淺，沒有區別，都為暮光綴成金帶，一端相連遙遙天邊，一端接往觀者溫軟的雙眼。冬日海風強勁，也吹來寒冽，環顧四周，卻沒人作勢離去，依舊專注地望向遠方。畫布般的天空裡，肆意而為的創作仍在持續。金黃豔紅褪去後，絳紫便濡染大地，與此同時，遠山僅留輪廓，不見全影。伴隨日光消逝，角色逐一謝幕，氛圍亦變得莊嚴肅穆。剩餘的天光，把旅人虔誠的身影拉得長遠，直到誰也望不見。什麼都結束了，但什麼都會在可預見的明天，重新上演。

　　這場日落始終在心中具有難以取代的地位，或許是過於絢麗，超乎預期，又或者那是人生頭一回在美國自駕旅行，凡事都顯得新鮮，值得銘記。但我相信，若有緣重返此地，亦難再見同般光景，每一天的夕陽都是無與倫比，而每一天的自己也總在轉變，為年歲累疊更迭。

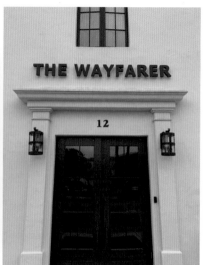

這回再訪 Santa Barbara，我並不打算重溫夕落，甚至也沒有回到當時賞景的史登斯碼頭（Stearns Wharf），只是遠遠地待在城市邊陲，俯望市景延綿，試圖在紅瓦白磚的屋舍裡，指認幾座叫不出全名，卻仍帶有印象的建築。

這些年來，儘管多數旅行故事都被提筆寫下，但有些細節難以謹記，就像一個失聯多年的友人，因緣際會再次搭上線，久違的重遇裡，總有股陌生的熟悉。若再給些時間，或許就能記起，但人們最缺乏的就是光陰。我猶記得那年冬天，在這座城裡遇見的一位大叔，雖然忘記姓名，但依然能在腦海裡拼出他的臉龐。滄桑的面容下有著更多滄桑，努力擠出的笑容背後，則有太多的傷心被刻意隱藏。

那是在一間名為 The Wayfarer 的青年旅館，臨近聖誕佳節，住客不多，偌大的背包客房裡，僅有我與大叔二人。和我輕裝上陣的模樣不同，從床邊堆疊的行李數量看來，他更像把整個生活都搬了進來。

「嘿，馬上要聖誕節了，你怎麼一個人在這？」

戴著粗框眼鏡，本來躺在床上翻閱報紙的大叔，出聲劃破寧靜。於是我指著背包，向大叔簡述起旅人的來歷，反而更想知道，這本該團聚的節日，為何他又隻身在外漂泊呢？

聽聞疑惑，大叔隨即從破舊的皮夾裡，拿出一張折皺的相片。畫面裡，他緊摟著太太，三位漂亮的女兒站在身後，笑意盈盈，看來幸福洋溢。但望著全家福照片的大叔，眼神裡卻有種不忍明說的哀愁，幾乎要溢出雙眸。

　　「只可惜，這是那種你永遠無法重返的記憶。」
　　幾年前，他的太太身患重病，並在數個月前不幸離世。這是失去摯愛後，第一個獨自度過的聖誕節。
　　說起緣分何以建起，原來他與太太是在一趟公路旅行中相遇。一見鍾情的彼此，努力跨越國籍及時差的限制，力抗親人們的阻撓，費盡千辛萬苦，才得以結縭。家境並不富裕的他們，將大半人生都奉獻家庭。他努力地工作存錢，將小孩養大，盼著子女成家立業的那天，便能帶著太太開車駛遍全美各地，繼續當年的旅行。未曾料想，他的太太卻為病魔纏上，視力日漸退減，之後疾病也連帶奪去生命。
　　那個瞬間，他說人生頓時變得沒有意義。
　　鬱鬱寡歡的他，也曾想過自盡，但在孩子們的鼓勵下，還是努力地走出陰霾，力求振作。搬離充滿回憶的舊房，住進女兒家，試圖尋回生活的重心。可與此同時，他依舊難以平靜，每當夜深之時，仍會為憂傷席捲，於是他借酒澆愁，甚至變本加厲。我並不清楚究竟發生了什麼事，但故事最後，他被趕出女兒家，也不被容許接近自己的孫子孫女。

　　「有時候，我都感覺要忘記快樂究竟是什麼。」
　　大叔說著這些故事時，語調聽來平順，目光卻顯得空洞，似乎有著太多懊悔，鑽繞其中。
　　十二月的南加州鮮少下雪，我卻在他的眼裡，看到了無盡的寒冬。

「所以我搬到了這，打算重新開始。」

　　大叔的好友就住在 Santa Barbara，願意出手相助，也替他找到新工作。暫時轉換環境，離開待了太久的城市，也是件好事。所以他來赴此地，先住進青旅。當務之急，便是找到新的住處，方能安頓自己。這才發現，原來他手中閱讀的不是報紙，而是刊載房屋資訊的傳單。

　　我專注地聽著，不發一語。大廳播放的佳節樂曲偶爾傳進房內，歡揚的旋律卻穿不透空氣裡的凝重，反而聽來刺耳難受。過程裡，大叔的視線偶爾轉向床頭櫃上一張泛黃的裱框相片。初來乍到時，我以為那是青旅房內既有的擺設，這才明白，其實是他太太的照片。隨時帶在身邊，再難熬的夜裡，伸手亦可觸及，彷彿這樣做，摯愛便未曾遠離。

「你去過 Stearns Wharf 了嗎？那裡看出去的落日，非常漂亮。」

　　話鋒一轉，大叔忽然關心起我在 Santa Barbara 的觀光行程。

　　搖搖頭說沒有，他卻難得露出笑顏。瞄了眼手錶，催促我趕緊出門，替他看場美麗夕陽。

如今想起這個回憶，卻感覺慚愧。

因為我曾在那個碼頭，當天光將盡之際，發誓著總有一天，若我還在書寫，必定會把大叔寫進書裡，卻始終盼不著一個好的時間和機會，只能先行擱置。直到今天，因為再次回到 Santa Barbara，才得以敘說當年。不過時間已無情地淘洗部分情節，我忘記了他的姓名，這永遠不會是個完整的故事，即使我依然清楚地記得他說過的話語，和面容裡的皺紋與傷疤。

旅行多年，有著太多相遇，大部分都是萍水相逢，匆匆一遇。

許多人的臉龐我已想不起來，故事也東缺西漏，或許只剩一個背影，乃至一個眼神，影影綽綽，片段般地留在生活裡，偶爾想起，也無緣再尋。但曾經交會的瞬間，即便再短，也如同燦爛夕陽那般，曾經照耀過我，亦溫暖過我。某些緣分，在初遇時便已注定久別。也曾想過寫本書，在多年後重新探訪這些人，或這些人待過的城。但如今我已經看開，都說相見不如懷念，我更願意用當年的自己去記住他們。留有缺憾的故事，有時讀來反而完美。

可是大叔，我發自內心地，希望打從那年分別後，你別來無恙，一切都好。

我真心盼望你已經戒掉成癮的酒精，之後度過的每個聖誕，也都不再孤單，繽紛又絢爛，好比綠樹上掛滿的燈飾那般。我不確定失去帶來的苦痛將會蔓延多久，但當年的你，儘管滿是悲痛，依然搬到一座新的城市，意圖展開全新生活。也許需要時間，需要無數場日落，可我心知肚明，也深信著你終有一天能將那些漫長，都走成平常。

離開 Santa Barbara 前，我將車開入市區，快速地繞上一圈，也特意經過當年下榻的青旅。沒有刻意尋找什麼，但也確實幻想過，能在起伏的街道上望見熟悉的面孔，展開笑容。

大叔，你曾經說過，雖然我隻身旅行，但不會永遠這般孤獨，總會遇到一個人。

　　兩年過去了，我卻依然形單影隻，但我也的確抱持信念，相信總有個人在路途前方等著。我的出發不是逃避，而是為了相遇，遇見那個能在我看待世界的目光裡，疊加更多色彩的人，而我亦能卸下心防，好不容易地，撲進晚霞般的溫柔。

　　九月下旬的 Santa Barbara，酷熱難耐，是與那年冬天截然不同的模樣。
　　我知道這並非正確時機，南加州的天空仍如此滾燙。蔚藍海岸旁，人們正在盡情享受夏日。
　　也許不會再見面，或許也不需要了，但我還是真摯地，想對你說一句：
「Merry Christmas!」

很難想像，已經足夠豔麗的天空，連同窗外無垠的蔚藍，仍能再起變化。每一處彎道都藏有驚喜，總能帶來同一片海洋，形樣不同的風貌。

駛過南行路程裡最後一座濱海城鎮——馬里布（Malibu），歌單正播放至 Jack Johnson 的 Escape，而我私心希望下一首是 Simple Plan 的 Summer Paradise，抑或 Yeti Tactics 的 Leave LA，把夏日的歡騰氣氛延續下去，儘管實際上，我離洛杉磯的距離愈來愈近，已能偶然地瞥見壯麗的天際線。南加州的氛圍顯得更加強烈，這是我最愛的城市。

不急著把車開進市區，先來到聖塔摩尼卡（Santa Monica）這處著名的海濱娛樂勝地。平日午後，車格一位難求，望著偌大海灘人潮湧動，若說夏天過去了，沒有人會相信，也不會有人同意。

　　Santa Monica 依舊是那副經典的美國意象。

　　走上向海延伸的木製棧道，路過名為太平洋公園（Pacific Park）的樂園。規模雖然不比 Santa Cruz 龐大，但在洛城的天空下，好像也比預想中來得繁華。雲霄飛車看來和緩，不急墜，不衝撞，綿長的軌道繞著轉動的摩天輪，一派悠然。市集角落裡，身著花襯衫的男子手持小喇叭，自顧自地吹著，一旁店鋪的拋圈圈賽局裡，又有情侶贏走最大的絨布玩具。我吃著檸檬口味的冰淇淋，邊走邊逛，最終停在貼滿 66 號公路標誌的牆前。這又是另一段傳奇公路，自芝加哥（Chicago）出發，一路橫貫，長達近四千公里的距離，最終在駛抵 Santa Monica 的海濱後，劃下句點。我偷偷在心裡許諾，總有一天也會踏上它，但在那之前，得先阻止手中的雪球融化，更要趁天色暗下前，抵達位於西柯汶納（West Covina）的阿姨家。

　　雖以阿姨稱呼，卻非有著血緣關係的家人，她是媽媽的五專同學。幾乎每回來訪洛杉磯，我都會順道拜訪她，並借宿幾晚。隨著孩子們安家落戶，各自住進自己的生活，占地本就廣大的阿姨家，顯得更加空蕩。我的到來或許短暫，倒也替總是寧靜的夜晚，捎來些許音量。

一段時間未見，阿姨的擁抱依舊和記憶裡同般溫暖。

　　白天她在鄰近學校忙於工作，我便自己開車閒晃，直至傍晚時分，才得空相聚。疫情緣故，阿姨盡量不到餐館裡用餐，但發現我愛吃牛排，還是折衷地將餐點外帶回家。餐桌上，我們慎重其事地擺放碗盤，打開看來年久失修，卻仍能使用的收音機。電臺裡傳來未曾聽聞的旋律，老靈魂的我，還是認出了一首 Frank Sinatra 的經典名曲，伴隨偶爾的雜訊，共度溫馨的時光。

　　「Jerry，有件事想與你分享。其實我沒有跟別人說過，但我想你應該能懂。上次回到臺灣，我特意繞去老家附近，沒想到一切都變得不同。四周蓋起新的樓房，幾乎要認不出原樣。幸好我還記得家前面的上坡，以及路尾的土地公廟，所以還能藉由廟的方位大致摸索出舊家的位置。那時候，我有些難過，好像這個曾留有重要回憶的地方，已經沒有任何記得的事情了。但我沒有掉頭離開，而是沿著長坡走著。並非刻意尋找什麼，只是來回踱步。忽然間，有股感覺湧現，即使周遭事物都改變了，有個東西卻沒有消失，依然存在。」

　　微微地點著頭，臉上忍不住顯露猜出答案的勝利笑容。
　　我當然明白，這也難怪阿姨說我能聽懂這個故事。

因為我是一名旅人，而且是自始至終，都走在路上，未曾中斷步履的旅人。阿姨口中那個沒有消退的事物，也依舊留存我的心裡，誘使我一遍遍地重返旅途。

　　故事結束，我們繼續有說有笑地吃著晚餐，分享近況，交換溫度，直到樂聲戛然而止。這夜仍早，想來應當不是電臺收班。或許是收音機故障，又或許我和阿姨的重逢，注定短暫，而誰都無法忤逆時間安排，終要回返各自的行旅。

　　隔天早晨，不小心睡過頭的我，來不及與出門上班的阿姨道別。走出房間，見著她留下的字條，祝福我旅途平安。簡單幾行字，卻是能銘刻在心的溫暖。吃完簡易的早餐後，我將收拾好的行李搬上車，動身離開。偌大的房子又一次空寂了起來，可是有些溫暖，一直都在。

　　城市的尖峰時刻剛過，總在堵車的洛杉磯暫時能鬆口氣，不再壅塞。
　　高速公路恢復了順暢，每個路標指往的方向，都能帶你抵達想去的地方。電台裡輪播的歌曲輕快地放著，像在讚揚一個晴朗又愜意的早晨。駛過都會裡密集的摩天大樓群，下了交流道，我從容不迫，神色自若地朝著一片湛藍開去。數分鐘後，路前便出現遼闊的海洋。半開車窗，海風順勢吹進，夾裹著夏日的歡愉，而我願意追隨它的腳步，一同痴狂，無悔無怨。

　　「從小到大，這條路我不知道走過多少回。出門上學，放學回家，離鄉背井，重返故鄉，都走著這條路。儘管什麼風景都改變，這個坡度卻未曾變動，走在這條路上的感覺還在，從來沒有消失。」
　　尋回熟悉的事物後，阿姨浮萍般闖蕩半生的旅程，也如同找到根基。不敢說心滿意足，但至少能放心地離開故鄉，再次橫越海洋，回到異鄉的生活裡。舊路雖已鮮少踏上，但只要路還在，記憶就在，亦能追回一個遠去的年代。

　　我從未像阿姨這般，停下腳步，在一處他鄉如此長時間地生活。

　　年少輕狂的旅者，內心總是浮躁，路程再短再長，都成流浪。多年以前，憑著對遠方的嚮往，促使一個男孩踏入與同齡人迥然相異的道途。多年以後，糊里糊塗地長大，選擇的道路依然綿長，只是充滿徬徨，亦沒有解答。即便如此，這些年來，總有些感受似曾相識，只有自己能懂。那是每當啟程出發，肩起的背包再沉重，也騙不了人的輕鬆；那是搖下車窗，馳騁而過濱海公路，想要大喊出聲的一種快活，一種感動，名叫自由。

　　一個人的長途，孤獨與否，都無關緊要，因為走在路上的這份感覺，總會陪著我。

在南加州待久了，竟也被寵壞，總覺得晴空萬里是必然，要是抬頭望見天邊雲朵聚攏，還會下意識地皺緊眉頭。我的城市，總在落雨。夏天颱風，冬天季風，春秋須臾就過，幾乎沒有。如今這些想來潮濕的記憶，都已被陽光晾乾。

旅行至此，也養成習慣，來到美國後，總是起得特別早。用不上鬧鐘，風光明媚的加州自然能喚醒我。日子既豐富又簡單，無非就是看海、樂園，再去看海，重複輪轉，也不覺厭煩。

又是個沒有特定計畫的一天，離開阿姨家後，不願愧對外頭晨光，便決定開往幾十公里外的紐波特海灘（Newport Beach）。途經一處外觀時髦的住宅區，屋舍齊整，各有設計，風格卻又統一。美學觀念影響著生活態度，生活態度亦培養著美學觀念，才有眼前著實令人稱羨的畫面。

有時也不禁想問，住在離海這麼近的地方，會是何等感受？大海能更加融入生活，日常遭遇的各種情緒，也能更好紓解。無需因為想看海，耗費久長車程，海就在家門，隨時能跳入一片蔚藍，把生活的困窘，重新活得廣闊。

戴上墨鏡，換上側背包，海灘散步應當輕裝出行。

時間仍早，九點不到，卻已經有許多家庭鋪平野餐墊，架起遮陽傘，姿態怡然。孩童們熱鬧地嬉戲，大人們則臥坐一旁，悠哉地翻起書報。一轉頭，幾名身形健美的男子整齊劃一地跑過，還不忘精力旺盛地大聲道早。這般畫面有如平行世界，猶記得今日出門前，才聽聞當地病例數再創新高，而網路上針對疫苗的論戰仍吵得不可開交，然而此刻，Newport Beach 卻是一片祥和。疫情持續席捲，生命不斷消亡，但把握一個即將遠去的夏天，其實也同等重要。

這個國家過於寬大，過於偉大，卻又總在平衡與失衡間來回擺盪。從來無法丈量，亦無法理解，我只能相信自己的選擇，也為選擇負責。而我很慶幸，南加州總用一派悠閒的模樣，張開雙臂，包容我的所有恐慌。

由於自己不諳水性，每每來到海邊，也只愛遠遠地望。

多數海灘搭建的棧橋，末端都空無一物，只有三兩成群釣魚的人，像把所有家當都搬了過來。閒坐折疊椅，聊著天，打著盹。至於豐收與否，便順其自然，原來垂下釣線，只為不負時光。用以存放漁獲的保冷箱旁，總是圍繞著海鳥，來回地轉著圈。欲不勞而獲，終將無功而返，這是不變的人生道理，也是加州海邊再平實不過的風光。

然而 Newport Beach 較為特別，在海堤尾段，蓋有一間名為 Ruby's Diner 的餐館。無論建築外觀或內部裝潢，都凸顯經典的美式風格。尋了張戶外座位，翻開菜單，琳瑯滿目的選項教人眼花撩亂，小小的廚房彷彿能做出全球風格的餐點。方才還倚門抽菸，表情冷漠的服務生，此刻正熱情地推薦起鬆餅套餐，於是我也欣然同意，用蓬鬆柔軟的餅皮，延續早晨的慵懶。

外頭陽光燦爛，但無止息的海風吹久了，仍有些冷冽。

於是我快步地奔回停車場，拿件牛仔襯衫充當外衣。走回餐館的路上，再次檢視起這個早晨擁有的事物：潔白屋舍、靛藍海洋、一頓浪濤相伴的早餐、一顆不慌不忙的心。驀然意識到，這正是心中對於日常生活的美好想像。也曾想過留步異鄉，留下生活，然而我終究是名過客，並不隸屬於此。雖說當下的體驗令我觸及想像，也僅是淺嘗即止，但我一定是個很幸運的人，才能擁有這般磕磕絆絆，卻依然幸福的旅程。

太過繽紛絢爛的事物，往往讓人在見證過後，頓覺傷感。儘管不情願，也只能將回憶分類歸檔。有時拿出來翻閱，重溫之餘，也對自己說道：「嘿，原來我也曾到過那樣的地方，過著那樣的生活。」旅行中的體驗，亦如同實驗，無論結果好壞，至少過程裡，你已嘗試過自己心中的理想生活，哪怕只是一週、一天，甚至只是一個早晨。

公路旅行進入尾聲，步伐也放緩許多，不比出發時，每天拚命地追趕里程。

天一亮就出發，又得在晚霞落盡前，把自己住進一間破舊的汽車旅館。對比二十歲時，人生首次出發旅行的心境，也與今時今日迥然相異。頭幾年，為了追求城市數量，總是匆忙地奔走。回望旅人生涯，其實最缺乏的，便是一段悠閒的早晨時光。總是因為擔心錯過白天的風光而慌張，卻又在甫睜開眼時，就先拋失最美好的晨光。很少有機會能像現在這樣，倚著風景，吃著早餐，處之泰然。

美味的鬆餅，美國的分量，教人嘗來飽足。

沒有太多客人的早晨，服務生又回到門前抽起未盡長菸，誰也不打擾誰，都沉浸在各自的悠揚裡。海天相連，一片碧藍，陽光逐漸加熱溫度，風也不再冷冽，暖融地吹拂，沒有吹皺得來不易的平靜時光，反而捎來幾隻海鳥，像在等待什麼，卻又乍然飛起，乘風離去。但飛得再高再遠，終究會回來的，萬般生命皆是如此。

沒有人問著欲往何方，但心裡的地圖，已然畫起明確的方向。

南加州的天空下，每條路開著開著，都會通往海洋。

無止盡的流浪常常使我迷惘，卻又總在某些片刻忽然明瞭，也許出發，從不在於朝多豐盛的未來抵達，而是為了把握當下，學會珍藏過往。

又一次地，燈塔出現眼前，這回卻非實體，而是個店名。

位於賀茂沙海灘（Hermosa Beach）的燈塔咖啡（Lighthouse Cafe），是洛城裡為數不多，能欣賞爵士音樂人現場演奏的餐館，亦曾是電影《樂來越愛你（LALALAND）》裡男女主角約會的場景。

把車停下後，我漫步至鄰近的海堤，就像男主角 Sebastian 那般。午後時分，豔陽高照，雖與電影裡夕陽西沉、漫天藹紫的模樣不同，還是情不自禁地，哼起經典的旋律：

「*City of stars, are you shining just for me?*（繁星之城啊，你是否只為我閃爍？）

City of stars, there's so much that I can't see.（繁星之城啊，我始終是個盲目的人。）

Who knows, is this the start of something wonderful and new?

（誰知道呢，這是否將是美好的開始？）

Or one more dream, that I cannot make true.（或者，不過又是個無法實現的夢而已？）」

　　海堤並不長，但我戴起耳機，來回地走著，輕聲唱著。

　　我深知這麼做非常老梗，就像個死纏爛打的瘋狂影迷，但我絕對不是唯一這樣做的人。畢竟，這個在電影中教人難忘的片段，便是拍攝於此。猶記得當年，不抱期待地走進戲院，卻為這部被稱作「獻給洛杉磯的情書（A love letter to LA）」的電影深深著迷。打從那時，便嚮往著親臨影片的拍攝景點，其中當然也包含 Hermosa Beach 的棧橋。雖說日正當中，天空並不如電影那般絢爛，我也不生活在這座城市，更不像 Sebastian，是個窮困潦倒，屢被現實擊垮的爵士音樂家，但我總會被歌曲的旋律勾起情緒，回想起自己所踏上，這條以作家為名的征途，似乎也有著相仿的掙扎，和永無止息的自問自答。

　　「為什麼，你會成為一名作家？」

　　可以說是這些年來，最頻繁聽到的問題。

追根究柢，或許能回溯至高中時期，在乏人問津的校刊社裡，自告奮勇地擔任主編，應當算是個起頭。當時的作品雖不成熟，但終究是自幼便熱愛寫作的我，頭一回接觸文字編輯。發想企劃，並透過採訪、撰寫將之呈現，這對一個需要同時兼顧課業的高二生來說，是極其繁瑣辛勞的。千辛萬苦印製出來的成品，拿在手裡有股不真實的厚重感，然而放學後，在資源回收處看見大量被任意丟棄的校刊，那伴隨而來的失落感，也像是踏入文壇前的預兆，暗示著寫作也許是喜歡之事，但要做著喜歡的事度過一生，也得冒上比眾人更多的風險，亦需要一顆剛毅堅定的心。

　　升上大學後，生活變得自由許多。

　　熱愛閱讀的我，開始著迷於旅行相關的書籍，其中又以日籍漫畫家高木直子的《一個人上東京》、Traveler Luxe 雜誌 2009 年夏日刊物的封面故事《一個人去旅行——天涯單飛圓夢計畫》對我影響尤為劇烈。不禁思考著，也許隻身走向世界，才能帶來不一樣的視界。二十歲生日那天，在苦苦央求下，媽媽送了我一張往返東京的機票。幾週後，便隻身啟程。許多細節都已記不清，但始終忘不了搭著電車，在細雨連綿的夜晚駛抵市區，看見東京鐵塔出現眼前時的感動。那不是趟太困難的旅行，卻開啟了對旅行的熱愛。歸國後不久，便著手計畫再次出發，目的地是京都，去看場最愛的秋天。

　　一個旅人逐漸養成，但作家身分仍未跟上。

　　為了將這趟難忘的東京之旅銘記，在暑假結束前，利用打工之餘的空閒時光，透過簡單的文字記錄旅程。數十篇的內容，不少不多，組織鬆散，卻是我第一次完整地書寫旅途。某天搭乘公車返家時，途經鄰近的印刷廠，便心生念頭，將整理好的文檔帶至工廠，做好被潑冷水的心理準備，詢問他們能否幫我印成小書。我永遠記得櫃檯的阿姨，眉開眼笑地稱讚著我有多厲害，而當她問起書名，我站在原地思考良久，羞於啟齒地逕直寫下：「在東京，一個人旅行」。

簡單的書名，像是對兩本在旅行初期影響最深遠的書籍致敬。財力有限的我，將整個暑假賺得的薪水都投入，只印得寥寥可數的二十本，也無所謂。我將小書分送給親朋好友，從不知道有多少人認真讀完這些青澀的文字，但他們收到時的笑容，真心與否，無形中也都推了男孩一把，默默地站上作家的起點。

　　旅行不斷持續，我逐漸懂得在途中與自己相處。

　　升上大三的暑假，有幸錄取北京大學舉辦的暑期學校。為期一個月的魔鬼訓練，緊湊紮實的課程令人心累，卻又收穫豐碩。課程修畢後，距離返臺仍有些時間。大夥兒相約出遊，我卻回絕朋友的盛情邀約，毅然決然地隻身遠赴青島。那並不是一趟太成功的旅行，濃重海霧籠罩整趟旅程，我並未見到夏天該有的模樣，但永遠記得曾坐在海灘上，手裡拿著罐裝的青島啤酒，面朝大海，和自己乾杯。陰沉的天空，照不出身影，但我已走過不短的路，相信未來的旅途，只會更迢遠。

不久後，我順利地收到來自對岸的邀請函。

半年後的冬天，飛往南京大學，展開交換學生的異鄉生活，這便是事情的轉捩點。出發前，特意在書店買了本當時市面上所能找到，最詳盡的大陸旅行指南。拿起螢光筆，標了幾組心馳神往的目的地，卻在實際飛抵南京後，一直欠缺勇氣走出去。直到幾週後，在當地書店無意間找到，由小鵬老師撰寫的《我們為什麼旅行》。翻開首頁，竟有著作家的親筆簽名，並用潦草卻堅定的字跡寫道「去旅行吧！」。那本書，就像個最好的禮物，鼓舞當時缺乏勇氣的我，大膽地開展旅程。短短半年，我走遍五十餘座城市，那仍是迄今旅行最頻繁的一段時光。北至哈爾濱，南至三亞，也曾走過雲南西藏，我未曾想過自己能夠隻身履過這般距離，更在千山萬水行遍之餘，逐漸蛻變。

回臺後，距離畢業不遠的壓力令人擔憂，此時爸爸無心的一句話，卻給了我提點。

「上回去東京才一週，你就寫了很多故事。這次在大陸待了半年，說不定能出書呢！」

聽聞此言，我效法小鵬老師，開始把旅途詳實記錄，也在其中加進更多體悟和感受。

文字雖不華美，但故事都被如實留下，隨著字數愈來愈多，投稿的想法也日益成形。於是我常在寫得倦了累了的午後，到書店尋找記載旅途、題材相似的書籍，直到發現一本同樣由交換學生編寫的著作。在記下出版社的聯絡資訊後，當天晚上，就寫了封不算正式、毛遂自薦的信，附上幾篇文稿，倉促又唐突地寄出。沒有過多期待，自然就不會有太多失望。誰也沒料到，半個月後，幾乎都要忘記這件事的我，意外地收到來自出版社的信件。

「您寄來的文稿，我們深感興趣，希望您能提供詳細的聯絡電話與地址，期待您的回覆。」

他們不會相信，這一則簡單的訊息，何以改變男孩的一生。接下來數個月，事情進展異常順利，我永遠記得坐在出版社的會議室裡，簽下合約的感覺。拿著鋼筆的手，微微地顫抖，無法相信這是真實發生的幸運。

編輯偷偷地說道，主動投稿的人不少，平常大家都有各自的工作要忙，還得分心審稿，總得花上許多時間，也難免疏漏。然而那天點開文檔的人是總編輯，只看了幾眼，便大力稱讚我的故事。我未曾見過這位總編輯，但他卻是一生的恩人，是他在茫茫人海裡撈出了我，賦予我機會。

我也沒有浪費這個機會，儘管文字生澀，依然認真地將壹號作品《沒有終點的陸途》完成。

與此同時，我開始經營粉絲專頁，卻無人關注。猶記得出版後的每個週末，都會和媽媽騎著腳踏車穿梭在臺北的書店。也許是鋪貨問題，或是書店並不看好，我鮮少在架上看到自己的書，總是期望地走進，又失落地走出。媽媽總會拍著我的肩膀，輕聲安慰道，一切都會變好的。至於人生首次的簽書會，外頭大雨滂沱，來的人不多，多半是家人朋友。對於能一圓出書之夢，我滿懷感激，但也確實如同當年校刊社的經驗所預示，這注定是條難行的道途。

只是年輕的自己，表面看來溫順，心中卻不願服輸。

　　趁著當兵的時間，又完成貳號作品《我不懂青春，只懂遠行》。擁有上回的出版經驗，天真地認為出書不再艱難，然而將文稿投到各家出版社，多半杳無音訊，石沉大海。看著沒人要的作品，當時的我，灰心喪志，每個禮拜都會到車站附近的廟宇，虔誠地跪在神明面前，祈求事情終有轉機。就這樣挫敗地經過大半年，幾乎都要宣告放棄，但有天在廟裡抽到的籤，就像最後一絲希望。籤詩全文已記不清，但我不會忘記解籤本裡這般說道：「被眾人嫌棄的石頭，終會變成黃金。」

　　於是我帶著創作，回到當年的出版社。儘管首本作品銷量平平，他們還是給予我第二次機會。為了擁有更好的銷售，我自掏腰包地預訂誠品書店的場地，舉辦簽售會。這一回，恰逢新媒體的崛起，得到愈來愈多關注，活動也迎來超乎預期的人群。那是人生第一次，我相信自己是成功的，好像作家一詞不再是個僅能仰望、空泛無比的夢想，而是真實地落在我的身上，成為了我。

　　名氣漸漲，伴隨而來的，就是各種活動。

　　還記得第一次面朝大眾演講，是在臺中新光三越的運動專櫃前。假日的百貨，人來人往，沒有太多人在意一個乳臭未乾的小子說著什麼。我看著那些不在乎的眼神，故作堅強地穩定自己，把背得滾瓜爛熟的講稿如實吐出，手中緊握的礦泉水瓶，差點都要捏爛。直至講座結束，邀請我的廠商笑說他們非常滿意，而我也對自己能完成挑戰感到開心。

演講邀約漸多，穿梭在臺灣的各級學校裡，過程裡並非只有掌聲，偶爾也聞噓聲。記得曾有個同學當著所有人的面大聲斥責：「聽這個演講，對我的人生有什麼幫助？」當下怒火中燒的我，也只能笑著道謝，儘管不喜歡我的故事，還是願意聽到最後，並把感想回饋給我。

指責並不使人氣餒，反而令我站上愈來愈大的舞臺。從軍隊的心輔講座，到大學畢典的名人演講，每一回的分享，都是考驗，也是磨練，令我沉著穩重。

三年後，將積累的故事與體悟，出版成旅行三部曲的最終回《哪裡，是我的流浪》。

這依然是迄今，自己最滿意，也最鍾情的作品。旅途的故事更加豐富，文字運用也更顯純熟。隨著關注數日益增長，該書成功地攻進誠品書店華文創作的排行榜，這是始料未及之事。北中南舉辦的巡迴簽書會排起長長人龍，總有許多人當面表達感謝，說我鼓舞他們踏上了自己的旅程。我無法謹記人群裡的每張面容，但永遠記得自己得用盡全力，才能忍住淚水直流的衝動。寫自己的故事，居然能夠連結這麼多人，這始終是當年初次踏上旅程的男孩所無法想見。原來我已在不覺間，成為了某個人的東京鐵塔，在雨落不停的黑夜裡，放著溫暖的光。

這段時間，也嘗試起許多新事，但始終離不開旅行。

有著電視臺長官的賞識，擔當起行腳節目的主持；有著雜誌社總編的信賴，開始寫起雜誌專欄。同時間，校園講座不曾間斷，當年課堂聽過我分享的學生也逐漸長大，時常在大學場合遇到高中時曾參與講座的學生，總愛在會後笑嘻嘻地說道：「又見面了。」

2020，迎向一個新的十年，卻撞進最大的浪潮，被疫情終結所有夢想。

甫轉換新出版社的我，原先規劃的作品因為取材問題，被迫中止，只得暫時放下工作。沉澱幾個月後，決意轉換想法，以家鄉臺灣為題，做一本特別的旅行文學。那是本沒有地名的旅行書，加進更多與自我的對話，也透過大篇幅的照片，讓影像訴說故事。這是一次有點冒險，實驗性質的創作旅程。仍記得出版前，自己的堅持與猶豫，始終擺盪不定。但我不願重複自己，也不願等待。旅行文學發展至今，儘管小眾，也應當能有更多空間，更多想像。

肆號作品《旅行的形狀：影像札記》的出版是極其順利的。

再也不用滿城書店尋找庫存，也無需自己花錢舉辦簽書會。作品在排行榜超越上回名次，擁有更好成績，卻遇上最差的時機點。兩週後，臺灣的疫情防線被攻破，席捲全世界的巨浪，也衝擊了家鄉。所有既定的活動皆告取消，這幾乎是本零宣傳的書籍。好不容易在混沌亂世裡，靠著新書站起來的自己，又再度跌傷。我開始對寫作感到厭倦，也不再對未來抱持期望。兩個月後，因為接觸確診案例，無端被迫隔離之餘，也順勢在社群媒體上消失好長時間。無法透過旅行排解情緒，也難以繼續書寫，更無法站在講臺分享，一切就像回到原點，走過的路都在瞬間塌毀，而我也快要丟失存在的意義。

但依然是心中那股不服輸的倔強，讓自己力排眾議地，在疫情嚴峻的夏天，飛越太平洋，來到海洋的另端，展開公路旅行。啟程前，我便下定決心，也告訴自己，這將是最後一趟遠行。現在的我，也該真正地長大，朝新的階段、新的旅程邁向。

這段時間以來，我常常在想，究竟是什麼，促使一個男孩踏上遠行？

除了勇氣，除了信念，回歸本意，說到頭來，或許正是因為全心全意地愛著旅行吧。

由這五本作品所構成的創作之旅，無論有多少人參與，洋洋灑灑三十萬字，也宛如最真摯的情書，獻給世界，獻給自己，當然也獻給旅行。

　　回憶過去發生的點點滴滴，在旅行作家四個大字背後，堆疊太多未曾訴說的心酸與哀愁。但是我依舊充滿感謝，感謝曾在路上幫助過，或傷害過我的每個人。如今的我，相信路途有其終點，逐漸看懂了青春，反而不懂遠行，依然找不到哪裡是我的流浪，偶爾還會失去旅行的形狀，但是那份啟程時的熱忱始終沒有改變。我永遠是那個在高中校園裡，振筆疾書，挑燈夜戰的男孩，寫著一本就算沒人在意，卻依然堅持到底的作品。天真地相信，文字能帶來改變，就算無法改變世界，至少能令自己改變。

　　午後時分，美麗又寧靜的海灘，人影稀落。我隻身站在棧橋末端，眼望浪潮拍打，耳邊依然迴盪著熟悉的旋律，優美亦憂傷。

　　「City of stars, are you shining just for me?」

　　依然不知道城市是否為我閃爍，但永遠不會忘記當我閃耀時，城市看待我的目光。有鼓勵，有讚賞，有鄙夷，亦有不屑。浮浮沉沉的星海裡，我已收穫太多失落與感動，倘若能得一人共鳴，便已足矣，便是萬幸。

　　所以，我為什麼會成為一名作家？

　　這些年來，從未給出任何明確的答案，又或者，答案背後藏有太多心緒，難以憑藉片言隻語交代完全。然而路程至此，長途將盡，我已經可以去試著回答。

　　那是用年輕歲月，以如夢長旅，敘寫而成的散文詩。從來不是最暢銷、最華麗的作品，字裡行間裡，卻也都載有一個男孩無畏逐夢的身影。

　　那是當我站在這裡，當你讀到這裡，所有路過的旅程，走過的青春，便有了意義。

　　月色清朗的夜晚，一對年輕男女，趁著四下無人，偷偷地潛入山頂的天文館。路過放著電光的特斯拉線圈，繞著能用來證明地球自轉的傅科擺，在繪有天文神話的穹頂大廳裡，伴隨悠揚樂曲慢舞。轉進一旁幽暗的劇場，推開星象儀的瞬間，投影出滿天群星。如夢綺麗的當下，他們彷彿飛起，在宇宙間盡情飄浮、翻騰，直至落地，給予彼此踏實深刻的吻，確立了關係，也讓錯動已久的愛情，終於在此刻擁有姓名。

　　這依然是那部鍾愛之作——LALALAND 裡的經典片段。
　　橋段饒富情調，卻並非拍攝於刻意搭建的場景。實際上，這座天文館確實存在，它位於鄰近洛城市區的好萊塢山（Mt. Hollywood）南坡，一處

名為格利菲斯公園（Griffith Park）的地方。居高臨下，風景獨好，能自此遠眺赫赫有名，體現美國文化的 Hollywood 字樣標誌，當然也能順道參觀這座建於 1935 年的格利菲斯天文館（Griffith Observatory）。多數遊客來此，並非求知若渴，對於星際無垠抱有殷切盼望，更無意關心遙遠星系的今生前世，只是因為 Griffith Observatory 地處高點，方便到達，得以遍賞天際線的繁華。若來得晚些，夜幕低垂，山腳下的天使之城燈火明滅，多少夢想與情誼在此孕育，短暫或永恆都顯得無所謂，這夜已足夠燦爛，足夠浪漫。

不過比起外頭，館內附設的 Samuel Oschin 天文劇場反倒更吸引我。

驕傲地自詡為全世界最好的天文劇場，事實上，亦非口出狂言。這不僅僅是燈光暗下，單純播放影片的場域，而會藉由星象儀真實呈現星空，並在放映過程中搭配解說員，配合影片節奏、音樂起伏，進行即時現場配音。飽含情感的語調，講敘起宇宙裡所有難解，卻令人著迷的故事。

　　劇場播出的節目內容多元，選擇多樣，其中的王牌節目就屬 Centered in the Universe。

　　半小時餘的片長裡，講述著宇宙的起源，和天文學基礎理論的誕生。在朝向繁星探索的進程裡，一開始，人們總把自己置放宇宙中心，後來才漸趨領悟，生命不過如星塵般蒼茫。身處其中，便無法窺探全貌，只能觀察，只能想像，這便是我們與天穹的距離。影片放映結束前，迎來最高潮，當布幕上的畫面自黑夜轉向白晝，那位與其稱作解說員，反倒更像說書人的男子，默默地走到劇場正中心，站在逐漸作停的星象儀旁，收集所有觀者的視線，聚焦在他手中一顆發光的圓球，那代表太陽。當天色再度亮起，他亦將圓球高舉，徐緩地說道：「每當我們望向宇宙，便是看著我們自己的故事。」

　　從小到大，我都是為宇宙深深吸引的那種人。

　　凝望天空時，總是好奇，那些遙遠的星球是否也有同樣迫切的渴望，篤定地望向我？也想破解關於黑洞的謎題，是否真有平行宇宙？是否被扭曲塑形的時間，能給予我們機會重溫走過的光陰，甚至擁有改變過去的可能性？我也想知道這些年來，人們朝著天幕發射的太空船，如今已駛到何處？那樣永無止盡的旅行，得乘載多少孤寂？我還想知道戀人們眼望的星空，和孤身流浪的行者眼裡，模樣是否有所不同？

我有太多問題，但宇宙從來不作回應，放我一路仰望，一路長大。

　　在家鄉臺北，我亦常躲進天文館裡的宇宙劇場。平日午後總是空蕩，偶爾遇上包場，更像為我專屬放映。當燈光暗下，再多燦爛都不比天空變換，深陷黑暗裡的我亦成了顆星，無名無姓，等著有緣的目光，在茫茫星海裡發現我，連起我，記住我。

　　影片播畢，觀眾席裡掌聲不絕，衣著筆挺的解說員向眾人深深一鞠躬，我也禮貌性地回禮，感謝他領著我穿巡宇宙。步出劇場，走上一條由星點裝飾點綴的隧道，寓意著宇宙的演變。反向地前進，便如同逆流而上，盡頭一塊講解「大霹靂（The Big Bang）」的介紹牌，象徵著時間的開始，一切的誕生。科學用以打造今天，至於昨天以前、明天以後，就交給文學，將兩者相加，便組成世界。只是自作聰明的我們，詮釋再多，也終究不懂，僅能渺小地存活，無窮地摸索。而每個人的心裡，也同樣有座宇宙，初生、相會、碰撞、毀滅，無時無刻不在上演。

　　推開劇場大門，傍晚時分的天空已經起了變化。

　　如茵草地坐滿悠閒野餐的民眾，觀景平臺已無空間，擠得水泄不通。轉身一看，就連屋頂的大型望遠鏡前也滿是人龍。此時此刻，無論瞻仰天上眾神，抑或俯視地上芸生，都得排隊。明明本來身處浩瀚，如今卻擁擠不堪，無法尋得容身之所，於是鐵了心要離開。

　　順著館旁小徑向下走去，行至半途，赫然發現眼前正是 LALALAND 裡再熟悉不過的視野。那是影片末尾，當男女主角在共同歷經愛情季節，攜手走過人生地景後，重新回到天文館。坐在長椅上，凝望對方的眼眸，深情地互道：

　　「I'm always gonna love you.（我會永遠愛你）」

　　「I'm always gonna love you, too.（我也會永遠愛你）」

　　有緣相疊的道路再起分岔，任誰也無法說準未來交集與否，只能在迎頭奔往新的章節之前，用最簡單的話語，道盡愛的宣言。

電影再浪漫，終究只是電影，不管觀眾滿意與否，劇本都已譜寫注定的終曲。

燈亮幕落，演戲的人，看戲的人，都得返回各自的生活裡。但誠如劇場所述，只要抬起頭望向蒼穹，日升月落，繁星閃爍，皆是故事，總能在彷徨無措的黑夜裡，替迷航的靈魂指道方向。

從不奢想誰能永久停駐在我的宇宙，假若有人因為記得我曾來過，進而邁開自己的旅程，這份光亮便能一路延續，連結起來，亦能組成令人過目不忘，四季常在，永不變動的星座。

在那般星夜之下，會有更多旅人履過長途，在燈火輝煌的城市萌生想望，在雲霧繚繞的山林茁壯生長，在僻遠岑寂的荒漠迷失方向，又在湛藍如初的海岸線重見遼闊，那也都是我曾走過的旅程，曾追尋的美夢。

「既然每一段路都有終點，那就請在抵達前獨自狂歡。」

敬愛的小鵬老師曾在著作裡這般寫道，總結長旅。當年是他的故事開啟我的旅程，如今我同等幸運，藉由文字認識了你，也有你陪我走到這裡，一同迎向最後的結局。

　　開往亨廷頓海灘（Huntington Beach）去的路上，本該很輕鬆的。

　　已經太習慣行駛長途的感覺，嫻熟地將導航設定完畢，隨意調轉收音機的頻率，任由地方電臺播放旋律，我則催緊油門，駛上高速公路。或許是刻意裝出氣定神閒的模樣吧，其實心底隱約有股惆悵，我卻視若無睹，把注意力都放在沿途風光。然而論誰也無法欺騙自己，此刻去向所具有的特殊含義，那將會是這趟漫長行旅的終點。

　　旅程至此，五千公里的路途，遠遠超乎預期。

　　對於數年前，那個初次踏上行旅的二十歲男孩而言，應該從未幻想這麼一天。原來一念執著，可以在歷經多年後，仍支撐自己走向更遙遠，也更壯麗的旅程。從靠著雙腳，到乘搭火車巴士，再到今天駕駛車輛，沿著海岸一路奔馳。這當中的變化，絕非更換交通工具這麼單純，背後寓意的成長，亦不是數數年頭那般容易，都是僅有旅者方能明瞭之事。

　　電臺廣播裡，不斷放著愜意的歌曲，轉場時，主持人則用雀躍的語調說道：「2021 年 9 月 23 日，是今年夏天的最後一天，讓我們繼續用音樂，來和夏天道別。」

　　忽然間，我有些驚訝，始終天真地認為季節的轉換，是依靠溫度與感覺，都要忘記日曆上真有個明確的標記，昭告四季的始末。而我巧合般地，選擇在夏日結束的這天，把旅程走盡。這樣去想，一顆本來煩亂的心也漸趨平息，如同季節總要翻頁，旅行自然也會作結。很多時候，亦非旅者所能掌控，只能在那一天來臨前，竭盡所能地遠走。

　　車行過程中，也一面思考抵達海灘後，得先做些什麼。

　　或許沿著濱海道路信步漫行，若時間准許，不如找間面海的咖啡廳，迎著晚風點杯拿鐵，再不疾不徐地走上棧橋，等待日落。

想像如此美好，差點信以為真，幾乎要忘了這可是洛杉磯，以塞車揚名的大城。果不其然，前方開始壅堵，速度也只得放緩，在試圖切換幾個車道皆未果後，只得跟隨眾人的節奏，走走停停，後者居多，最後困在快不起來的高速公路上。不正常，也不反常，這個國家總有太多人在路上。調大樂聲，重新點開手機地圖，卻發覺整條公路都塞成深紅色，動彈不得。預估到達的時間也悄然地翻倍，掐指一算，幾乎要趕不及日暮。

　　然而在 Huntington Beach 看場日落，可謂是夢想清單的重要事項。
　　嚴格來說，海灘並不位於洛杉磯，而是在鄰近的橙縣（Orange County），但有公路相連，路程便不算太遠。Huntington Beach 又名衝浪城，不僅是國際賽事舉辦地，也是加州衝浪生活的精美縮影，合理推斷，那裡的海浪應該也會特別漂亮吧。
　　小時候，我曾看過一張 Huntington Beach 的落日照片，也許出自旅遊雜誌，或是網路無意間跳出來的畫面，都已不可考，但還清楚地記得照片裡，那為豔橘晚空染紅的棧橋，瑰麗又寧靜。自那時起我便許下承諾，而我也著實出發了，只是被困在任憑喇叭震天響，仍無法脫逃的公路上。

　　心裡難免慌張，這趟公路旅程雖然偶有插曲，總歸來說還算順利，難道旅途的最終章，反倒是醞釀已久，最大的意外嗎？
　　明天，我就要離開南加州，搭乘飛機返回舅舅家。將行李打包後，等著再次飛越海洋，往家鄉去。我以為能把一場美麗日落收藏在心，在返家的迢遠長路上反覆回憶。倘若錯過這場夕陽，旅程便像沒有結局的電影，而我亦說不準自己何時才有機會再來彌補遺憾。車流怠慢，與我的著急形成強烈對比，電臺裡照樣放著歡樂的歌，我卻開心不起來，擔憂錯過一場期待已久的日落，害怕來不及與夏天告別。

　　將近三小時的壅塞後，終於掙脫車潮，成功駛下交流道，我卻已精疲力盡。

　　距離黃昏尚有十五分鐘，於是我重振精神，加快馬力，顧不上速限地奔馳，直到海洋出現眼前。愈趨轉紅的天空是種暗示，時間所剩不多。我用最快的速度把車停妥，隨手取了相機與背包拔腿就跑，甚至忘記回頭確認車門鎖好與否。

　　在沙灘上狂奔並非易事，也看來愚蠢，尤其對於一個剛脫離塞車惡夢，全身痠痛的人而言更是種挑戰。細軟的沙阻礙試圖奔前的步伐，Huntington Beach 竟出乎意料地大。海洋近在眼前，卻不讓人抵達，夕陽已毫不留情地落下。

千鈞一髮之際，總算跑抵海岸線，我拋下背包，拿出相機，記錄夕色晚照。

紅澄澄的太陽直至墜落，都保持圓滿，輝映天空，把溫煦塗抹。光暈柔美，海水亦為此染色，不再是單純的蔚藍，反倒輕泛橘紅的光澤。回過神來，原來我也忘卻來時狂亂，傾心迷醉於折來疊去、熠熠生輝的光影裡。

因為時間關係，來不及跑上棧橋，但望向天邊餘霞成綺，眼前的風景也與當年的照片如出一轍，同等美麗。氣喘吁吁的我，一面誠心讚嘆著，按著快門的手也未曾慢下。不間斷的喀嚓聲，攝下一張張相片，猛然間，我想起那部深愛的旅行電影《白日夢冒險王（The Secret Life of Walter Mitty）》其中的橋段。那是當男主角跋山涉水，歷盡艱難終於攀抵雪山後，找到躲在岩石後方，意欲拍攝雪豹的攝影師。

但雪豹走入鏡頭，攝影師卻未按下快門，反而專注地欣賞，於是男主角疑惑地問道：「When are you going to take it?（你什麼時候才要拍照？）」

攝影師的目光堅定不移，淡淡地答道：「Sometimes I don't. If I like a moment, for me, personally, I don't like to have the distraction of the camera. I just want to stay in it.（有的時候我不拍照。對我來說，如果喜歡一個當下，我其實不大喜歡相機使我分心，只想享受當下，沉浸其中。）」

這永遠是我最喜歡的電影臺詞，那一刻，彷彿也明白了什麼，決意放下相機，不再執著於留住瞬間，而是透過心領神會，來讓錯過不再的風景盈滿自己。幾分鐘後，夕陽以極其優雅的姿態沒入海面，替這一天、這個時節，也替此刻身處海畔，一名獨自行旅的男孩，劃下句點。

汗水浸透衣衫，呼吸起伏間仍顯得喘，頓時間，發覺自己如此搞笑。

沒想到最後的最後，我依然在趕路，慌慌張張，匆匆忙忙，始終學不會從容。經歷很多故事，說過很多道理，但自己還是當年的背包客，什麼都不願錯過。但我一定還是有些改變的，就像眼前被染上晚霞的海浪，湛藍依舊，卻也能在藍色裡見著一縷金黃，包容更多色彩，也令自己變得更加絢爛。旅程至此，好像那些徬徨與困窘都煙消雲散，那條曾被走窄的道路，恍若重新打開。

　　夏天一過去，海風也跟著變換，吹來涼意，裡頭已能見著秋日的蹤影，和冬季提前捎來的信息。我按照原定計畫走過棧橋，甫欣賞完日落大戲的遊客逐漸散離，橋面卻熱鬧不減，釣客們仍守著魚線，替遊客繪畫人像的攤商也忙於吆喝招客。季節交替後，一切如常，無人慨嘆，而我越過人群，朝盡頭走去。天邊餘暉仍在變幻，在一切告終前，試圖留住最後的光彩。

　　抬起頭，逐漸暗下的天空裡，已能見到些許光點，並不明顯。
　　這些年來的聚散離合，彷彿出現眼前，如同那些光年之外的星芒，掛念著我，也保有過去的我。有時也想知道，在他們的記憶裡，我又是何等形象呢？是否還是那個少不更事、膽怯畏縮的男孩？他們可曾料想，我的步伐從未止息，竟把陸途走成遠行，把遠行化作流浪？
　　我也沒想過自己能走這麼遠，一直認為背包客的身分不過是學生時代不安於世、年少輕狂的嘗試。靈魂再躁動，也終要平緩，依隨眾人的期盼，走進社會運行的軌跡，築起安穩的圈地。但每當我自覺這條路走至盡頭，難以續前時，總會出現新的選項，令我在十字路口徬徨。而每次遲疑，最後都還是選擇聽從內心，堅持地走下去。一晃眼，旅人生涯已逾八年，成為作家後的生活，也邁入第七年。

出發前，我便知曉，也有準備，透過這趟旅行告別。

然而直到現在，當身處長途末尾，卻搞不懂究竟要和旅行告別，和寫作告別，還是和即將逝去的二十時代，道聲珍重再見？又或者，這些都不再重要了，我依然是那個在著作裡寫下「路途，陸途，依然望不見盡頭。」的男孩，只是現在，我也同時明白，尋夢之旅不會永遠順遂，總在豐盈過後伴隨失望。但倘若能謹記一路以來為夢想拚搏的形樣，這些付出的青春，便不是平白無故地過去了。我已盡最大程度地留住自己，至於那些努力過，卻依舊無法完滿的，就交由時間去作用，去編寫。

人生總有許多條路，注定要踏上。

有些路你來回地走著，走成了習慣，像是回家的路，像是工作的路。路的兩端緊緊地繫著生活，你也緊緊地依循著。有時走來輕鬆，有時走來束縛，有時生活的不如意，會讓熟悉的路途變得漫長，但你總能找到方法走過，時間亦會推著你走。

而有些路，好比追逐夢想的道途，你曾經不顧一切，像要對抗世界那般地奔往。或許最終選擇離開，或許在奮力過後，依然無法走到終點，又或許夢想從來沒有終點，因為人總會在成長過程裡放大想望，好勝爭強。直到有天想通了，釋然了，那些沿途的風景、遇見的事物，儘管已然路過，卻都會留存心底，告訴著你，提醒著你，你曾經多麼自由，你有多熱愛自由。

而只要願意，你永遠可以回到那條路上，繼續追尋心之所向，身之所往。

天色將暗，繁星漸明，回望來時長路，亦為路燈微微照亮。

洋面廣闊，有道海浪步調悠然，自地平線那端而來，分外引人注目。也許曾經湍急洶湧，卻都在履過遠途後，變得溫和平緩。我佇立凝望，浪潮由遠至近，在即將觸及陸地的剎那，雖有不捨，亦有傷感，還是選擇欣然迎向。一道海浪已然消散，但耳裡仍聞浪聲迴盪，時間再急再快，也沖不散彼此之間的羈絆，我會永遠記得它的形狀，因為那也都是我的模樣。

　我已經將年少時無畏出發的旅程，如實地走完。

　臉上勾起的一抹弧線，那是念舊心裡偶爾仍會翻湧，惆悵裡夾雜的感激。感謝世界，感謝時間，感謝所有無法擁有，卻都成就了我，也成為了我的事物。原來旅行最美好的贈禮，便是換來一個變得溫柔又堅毅的自己。

　年輕歲月終要翻篇，而我已經用盡青春，將時間的書頁折起，留待重溫或新續。

　再多漫長，想來，也不過一瞬美好，餘生紀念。

Epilogue
後　記

「實際上，人生就是如此。回頭想起來，我們所做的一切，看似是順理成章，一路疊加，其實每個人在少年時候，已經或多或少，存下了心思。那一條條因果，很早就伏在我的命運裡，要到適當的時候，迸發璀璨，不可抑制。在那種可能性兌現為某種讓你心醉的事實時，你會真的再次確認一遍：生活就是一場美好的，關於各人潛伏念想的化學效應，而不是加減乘除。」

坐在民宿房間的陽臺，外頭落起大雨，儘管無可奈何，倒也將愛書《傳奇在路上》拾起翻閱，打發時光。這本作品我早已讀過數回，卻沒有一次如同現在這般，深深地為書末的字句打動。或許是因為幾個月前，我剛結束一趟公路旅行，不敢說因此破解人生在世的謎底，但至少更加認識自己，也貼近旅行真實的意義。

時序已然入冬，寒風凜冽的十二月，幾天後，這個年也要過去。

度過漫漫隔離生活，回到平凡如常的日子，忙碌於校園講座，也同時構思出版一本新作的可能性。就在兩週前，臨時接到來自屏東恆春的邀約，請我到當地學校分享一堂旅行寫作的課程。二話不說，便立刻答應，畢竟自己也許久未往島嶼的南端去，我亟需逃離陰雨不斷，令人消沉的臺北，沒有明說的是，其實我也想讓自己返回旅行裡。

殊不知，這幾天剛好有颱風途經，罕見的冬日颱雖未侵襲島嶼，卻帶來豐沛水氣。

即便我已逃至島嶼極點，卻無法擺脫壞天氣，印象中那儘管在冬季仍顯炎熱的太陽，此刻正躲藏雲層裡，教人沮喪。我開著車，住進遠離市區，靠太平洋一側的興海漁港。那是一處極為僻靜的漁村，當夜幕低垂，便幾乎不

見人影，靜悄悄地，徒有公路與大海。我的投宿地是間外觀斑駁，內裝卻維持良好的民宿。二樓的房間，窗外即是海洋，因此我喜歡坐上陽臺，翻著總是帶在身邊，愛不釋手的舊書，偶爾也在頁面轉換之餘，望向洋面。萬餘公里外，海的對岸，就是公路旅行曾駛過的大地，如今都在記憶裡日漸遙遠。夏天難忘宛若美夢，只是美夢終會醒來。

想起數小時前，在學校進行的課程。

大部分的校園講座，學生們都擔當聆聽的角色，花上兩小時的時間，聽著我在臺上滔滔不絕，將這些年的旅行生涯，化作幾十頁的照片和語句，期冀能在年輕靈魂的心裡，點燃微微光火。但偶爾也會有些講座，如同今天這般特別，有時間讓聽眾去試著書寫。

投影片裡放著公路旅行沿途拍攝的四張照片，分別是自飛機望出的城市夜景、登山半途的風景、荒漠中延伸的道路，以及日落時分的海灘。這個練習，有些難度，要讓學生們挑選有感覺的畫面，設想自己身處其中，並利用文字去描述揣摩當下的情景和心境。

同學振筆疾書之際，邀請我來的國文老師則感嘆地說道，學校因為地處偏遠，資源當然不比都市來得豐富，但這群學生非常有潛力，只是缺乏自信，需要有人提點。

我並不期待學生們能寫出多優秀的內容，畢竟那是我的旅程，而他們僅是旁觀者，面對這四張資訊不充分的照片，更得成為想像者。然而，當他們將文稿呈上時，我卻相當驚訝。這些文字雖然青澀，卻都具備優秀的雛形。有同學將夕陽與自己過世的爺爺做連結，也有同學說自己隻身走在餘暉灑落的海灘上，享受與孤獨共遊之感，更有同學認為那不是夕照，而是日出，自己正拋開過去所有的不愉快，迎接新的篇章。甚至還有同學，野心更大，把四張照片串在一塊，寫成一段完整的旅行，而支撐他走過這些不同地景的力量，便是心中不滅的夢想。

恍然間，好像也看到年輕時的自己。然而即便是我，在這個年紀，都不一定擁有這般體悟。這群學生應當沒有太多遠行的經驗，但他們已然認識旅行文學，能在描寫景致的同時，適當地融入自己的心緒。或許是生活在山海圍繞的恆春半島，大自然總是傾囊相授，也讓這群孩子有著比城市同齡人來得更加豐沛的共感。再過不久，這些高三學生就要面臨學測。離開學校後的日子會成為什麼模樣，會走向何地，誰都說不清，但我很確信，他們已是旅人，儘管尚未邁開長遠的旅程，卻已擁有旅者的目光與心思，只等著世界迎向他們的出發。

不敢說學生們會從我的指導中收穫多少，其實從他們身上，我總能學到更多。

「年輕時，當個有故事的人。長大後，當個說故事的人。」

這是課堂結束前，送給同學們的一段話，亦用以勉勵自己，無論活到什麼年歲，站在什麼位置，都不能忘記初心，才不會在長遠路途茫然失措，也要永遠心懷感激，將一切無私地分享出去。

隔日清晨，天尚未亮，整夜未歇的雨水仍未消停，鬧鐘已然響起。

我睡眼迷離地爬起，伸了個大懶腰。窗外雨落不止，我還是按照原定計畫起身梳洗，裹上厚重外衣，朝幾分鐘步程外的海邊走去。

寧靜的漁港仍在熟睡，我不願出聲打擾，只是依著指標，穿過公路旁隱密的小徑，來到空無一人的沙灘。沒有人和我一樣，在下著雨的早晨，還傻乎乎地，過度樂觀地盼著日出。厚雲藏掩起太陽，未能如願望見它的身影，地平線徒有微渺的光。我有些失落，倒也平靜，無論見證與否，新的一天都還是如約開啟。

忽然間，天邊閃現數道光芒，劃破烏雲，照映沙灘，一時之間竟以為是夢。

能堅持到最後的人，精彩從來不會少，這是我始終相信，並奉行的道理。

張開雙臂，像要伸手擁抱那般，閉起雙眼，暫時沒有憂鬱之想，只有暢快。再次睜開眼，晨光全然灑落，把海洋都點亮。我心生念頭，便將鞋襪脫下，

朝海水款步走近。當腳趾碰觸海面，有股冰寒倏地竄升，但隨著站穩步伐，也逐漸適應溫度，原來冬日的海洋，亦有溫暖。迎著晨光，赤腳站立水中，不再害怕，不再躲閃。徐緩的波浪觸抵腳邊，在終點過後，也回到了起點。

　　那是好多年前，某個再普通不過的週間午後，在出版社狹小的會議室裡，與陌生的編輯對坐。看著桌上裝訂完成的首份出版合約，我詳細地檢視裡頭的字句，正準備簽下名字時，發覺姓名欄旁有處括號，能夠填入筆名。我睜大雙眼地望向編輯，她則笑著頷首，輕聲問道：「你希望大家怎麼記住你？」

　　於是我低頭沉默，努力在詞海裡揀選字彙，意圖尋得最合適的形容。霎時間，心裡湧現那份在旅途中始終伴隨的感受。然後我慎重地，將爸媽送的鋼筆自盒裡取出，有些興奮，也難免緊張，雖然不自覺地顫抖起雙手，卻還是堅定地提筆寫下。我已經做好準備，要帶著夢想，奔向這個世界。我是如此熱愛，如此嚮往，無所畏懼，只為遠方。

　　而這樣的我，就像海浪一樣。

" Your golden years will be happy and fulfilling. "

陳浪第伍號作品
漫長的紀念 Heart of Gold

作者 陳浪

封面設計 張顥
內頁排版 張顥

執行長 陳君平
協理 洪琇菁
副總編 楊國治
美術總監 沙雲佩
美術編輯 李政儀
企劃宣傳 楊玉如、施語宸、洪國瑋
榮譽發行人 黃鎮隆

廣告專線：02-2500-7600 分機 1438 楊國治

ISBN 978-626-31-6840-4
2022 年 5 月 一版一刷

出版

城邦文化事業股份有限公司　尖端出版
台北市104中山區民生東路二段141號10樓
電話 886-2-2500-7600　傳真 02-2500-1979
網址 www.spp.com.tw
電子信箱 marketing@spp.com.tw
客服信箱 digi_camera@mail2.spp.com.tw

發行

英屬蓋曼群島商家庭傳媒股份有限公司城邦分公司
尖端出版
台北市104中山區民生東路二段141號10樓
電話 02-2500-7600　傳真 02-2500-1979

法律顧問

元禾法律事務所
台北市羅斯福路三段37號15樓

書籍訂購

網址 www.spp.com.tw　劃撥專線 03-312-4212
戶名 英屬蓋曼群島商家庭傳媒股份有限公司城邦分公司
帳號 50003021

國內經銷商

中彰投以北（含宜花東）經銷商 楨彥有限公司
新北市231新店區寶興路45巷6弄7號5樓
電話 02-8919-3369　傳真 02-8914-5524
物流中心 新北市231新店區寶興路45巷6弄12號1樓

嘉義（雲嘉以南）經銷商 威信圖書有限公司
地址 嘉義市600文化路855號
電話:(05)233-3852 Fax:(05)233-3863

高雄經銷商 威信圖書有限公司
地址 高雄縣814仁武鄉考潭村成功路127-6號
電話:(07)373-0079 Fax:(07)373-0087

海外經銷商

城邦（新‧馬）出版集團　Cite（M）Sdn Bhd
電話 603-9057-8822　傳真 603-9057-6622
電子信箱 cite@cite.com.my

城邦（香港）出版集團　Cite（H.K）Publishing Group Ltd.
電話 852-2508-6231　傳真 2578-9337
電子信箱 hkcite@biznetvigator.com

本書介紹相關產品，其商標圖形所有權歸各註冊公司所有。
本書如有破損缺頁，請寄回本公司更換新品。
本書內文所有相關資料，未經本公司書面同意，不得擅自進行
使用、拷貝、轉載等相關行為，敬請鑑察。